▶ 新时代卓越教师核心素养系列规划教材

师范生教育实践能力训练

陈 亮 邹绍清 主 编
胡白云 李怡明 崔 健 副主编

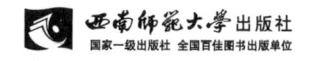

西南师范大学出版社
国家一级出版社 全国百佳图书出版单位

图书在版编目(CIP)数据

师范生教育实践能力训练 / 陈亮，邹绍清主编. ——重庆：西南师范大学出版社，2021.3
ISBN 978-7-5621-9274-9

Ⅰ.①师… Ⅱ.①陈… ②邹… Ⅲ.①教育实践—师范学校—教材 Ⅳ.①G40

中国版本图书馆CIP数据核字(2018)第071268号

师范生教育实践能力训练
陈 亮 邹绍清 主 编
胡白云 李怡明 崔 健 副主编

责 任 编 辑：胡君梅
责 任 校 对：杨光明
封 面 设 计：观止堂_未氓
排　　　版：瞿 勤
出版发行：西南师范大学出版社
(重庆·北碚　邮编：400715)
网址：www.xscbs.com
印　　　刷：重庆华林天美印务有限公司
幅面尺寸：185 mm×260 mm
印　　张：10.25
字　　数：262千字
版　　次：2021年3月　第1版
印　　次：2021年3月　第1次印刷
书　　号：ISBN 978-7-5621-9274-9
定　　价：38.00元

前 言

百年大计,教育为本。党的十九大从新时代坚持和发展中国特色社会主义的战略高度,做出了优先发展教育事业、加快教育现代化、建设教育强国的重大部署。习近平总书记在2018年全国教育大会上强调,教育是国之大计,党之大计。教育大计,教师为本。教师是人类灵魂的工程师,是人类文明的传承者,承载着传播知识、传播思想、传播真理,塑造灵魂、塑造生命、塑造新人的时代重任。教师教育是教育事业的工作母机,是提升教育质量的动力源泉。为发展更加公平更高质量的教育、建设中国特色社会主义现代化强国、实现中华民族伟大复兴的中国梦提供强有力的师资保障和人才支撑,我们务必采取切实措施建强做优教师教育,推动教师教育改革发展,全面提升教师素质能力,努力建设一支高素质专业化创新型教师队伍。

自2014年8月教育部印发《关于实施卓越教师培养计划的意见》,明确指出当前教师培养存在着"教育实践质量不高""培养出来的师范生与中小学、幼儿园和中等职业学校的实际需求还存在一定差距"等诸多问题以来,提升教育实践质量就成为教师教育改革的一个重要主题。为了促进教师教育的改革与发展,破解教师教育和师范生教育实践能力培养中存在的各种问题,着力培养造就党和人民满意的师德高尚、业务精湛、结构合理、充满活力的教师队伍,习近平总书记关于教育、教师的系列重要讲话和国家出台的《关于全面深化新时代教师队伍建设改革的意见》《教师教育振兴行动计划(2018—2022年)》《关于实施卓越教师培养计划的意见》《关于加强师范生教育实践的意见》等系列重要政策文件,对教师队伍建设和教师教育发展做出了重大部署,为教师教育发展和师范生实践能力培养指明了方向,描绘了蓝图,规划了路线,明确了重点。本书就是在这一背景下产生的。

本书的编写旨在为师范生自主开展教育实践能力训练、高校和中小学校指导师范生进行教育实践能力训练提供理论指导与实践指南。在编写理念上,遵循了自主性与发展性、操作性与工具性、系统性与理论性的基本理念。

在体系设计上,按照横纵结合的原则设计:在横向上,主要基于师范生教育实践能力的内容模块展开,以此构成了教育见习训练、专项技能训练、模拟教学训练、教学实习训练、班主任工作实习训练、教育研习训练等主体内容,并按照教育实践时间上的先后原则、技能训练先简后繁的原则以及技能训练由模拟到真实的原则等对主题内容进行逻辑安排;在纵向上,每一章都对如何进行实践能力训练的各个环节进行了系统描述,并提供了大量的操作流程与实践范例供使用者参考与借鉴。在写作风格上,多用简洁、明确、可操作的语言进行表达,尽量用表格、图示、案例进行呈现,力求做到通俗易懂、生动直观。

  本书是在重庆市高等教育教学改革研究重大项目"师范生实践教学立体模式与双实基地建设改革研究"(编号:151006)的大力支持下完成的,是对西南大学马克思主义学院多年师范生教育实践能力培养经验的全面总结,更是全体编写人员集体智慧的结晶。本书既可作为师范生自主开展教育实践能力训练的工具书,也可作为高等院校和中小学校培养师范生教育实践能力的指导教程。本书由陈亮、邹绍清进行整体规划与设计,并负责对全书进行统稿、修改与定稿。各章的撰写者分别是:第一章陈亮,第二章周慧,第三章邹绍清、许安琪,第四章李怡明、孙晓,第五章李萌、胡白云,第六章陈亮、罗春梅、胡白云,第七章陈亮、崔健。西南大学马克思主义学院未来教育家志愿者协会的部分同学也参与了本书的资料收集与研讨工作。

  衷心感谢西南师范大学出版社的领导和编审人员对本书的关心和支持!

编者
2021 年 1 月

目录 MU LU

第一章 教材解读 ……………………………………………（1）
第一节 教材编写的背景 ……………………………………（1）
一、教育改革和发展面临的新形势 …………………………（1）
二、教师教育存在的现实问题 ………………………………（2）
三、教师教育发展的系列重要部署 …………………………（3）
第二节 教材编写的理念 ……………………………………（5）
一、自主性与发展性 …………………………………………（5）
二、操作性与工具性 …………………………………………（5）
三、系统性与理论性 …………………………………………（5）
第三节 教材的体系设计 ……………………………………（7）
一、横向设计 …………………………………………………（7）
二、纵向设计 …………………………………………………（7）
第四节 教材的使用建议 ……………………………………（9）
一、师范生的使用建议 ………………………………………（9）
二、高等院校的使用建议 ……………………………………（10）
三、中小学校的使用建议 ……………………………………（11）

第二章 教育见习训练 …………………………………………（12）
第一节 教育见习准备 ………………………………………（12）
一、组织准备 …………………………………………………（12）
二、个人准备 …………………………………………………（18）
第二节 教育见习实施 ………………………………………（22）
一、严格遵守见习纪律 ………………………………………（22）
二、熟练掌握见习技巧 ………………………………………（22）

第三节　教育见习总结……………………………………(27)
　　　一、个人总结……………………………………………(27)
　　　二、集体总结……………………………………………(30)

第三章　专项技能训练………………………………………(33)
　　第一节　教学基本功训练………………………………(33)
　　　一、口头语言训练………………………………………(33)
　　　二、体态语言训练………………………………………(35)
　　　三、板书技能训练………………………………………(37)
　　第二节　教学设计训练…………………………………(42)
　　　一、教学设计的基本要求………………………………(42)
　　　二、教学设计的基本步骤与技巧………………………(43)
　　第三节　课件制作训练…………………………………(46)
　　　一、课件制作的基本要求………………………………(46)
　　　二、课件制作的主要步骤………………………………(47)
　　第四节　微视频制作训练………………………………(53)
　　　一、微视频制作的基本要求……………………………(53)
　　　二、微视频制作的主要步骤……………………………(55)

第四章　模拟教学训练………………………………………(59)
　　第一节　微格教学训练…………………………………(59)
　　　一、微格教学的准备……………………………………(59)
　　　二、微格教学实施技巧…………………………………(61)
　　第二节　小组试讲训练…………………………………(63)
　　　一、小组试讲的准备……………………………………(63)
　　　二、小组试讲的实施……………………………………(67)
　　第三节　讲课比赛训练…………………………………(68)
　　　一、讲课比赛的准备……………………………………(68)
　　　二、讲课比赛的注意事项………………………………(70)
　　第四节　模拟教学反思…………………………………(72)
　　　一、模拟教学反思的内容………………………………(72)

二、模拟教学反思的方式……………………………………（74）

第五章　教学实习训练…………………………………………（81）
　第一节　教学实习的准备……………………………………（81）
　　一、仪表准备…………………………………………………（81）
　　二、心理准备…………………………………………………（82）
　　三、生活准备…………………………………………………（82）
　　四、教学准备…………………………………………………（83）
　第二节　教学实习的内容……………………………………（86）
　　一、观课………………………………………………………（86）
　　二、备课………………………………………………………（88）
　　三、上课………………………………………………………（99）
　　四、评课………………………………………………………（101）
　第三节　教学实习应注意的问题……………………………（106）
　　一、实习前期应注意的问题…………………………………（106）
　　二、实习中期应注意的问题…………………………………（107）
　　三、实习后期应注意的问题…………………………………（108）

第六章　班主任工作实习训练…………………………………（109）
　第一节　班主任工作实习的准备……………………………（109）
　　一、内容准备…………………………………………………（109）
　　二、方式准备…………………………………………………（111）
　第二节　班主任工作实习的主要内容………………………（114）
　　一、制订班主任工作实习计划………………………………（114）
　　二、班级日常管理工作………………………………………（115）
　　三、组织主题班会……………………………………………（116）
　　四、个别教育…………………………………………………（118）
　　五、家长工作…………………………………………………（119）
　　六、突发事件的处理…………………………………………（121）
　第三节　班主任工作实习应注意的问题……………………（122）
　　一、处理好人际关系…………………………………………（122）

二、处理好教学实习和班主任工作实习的关系 …………………（125）

　第七章　教育研习训练 …………………………………………（127）
　　第一节　调查研究概述 …………………………………………（127）
　　一、调查研究的含义、特点与作用 ……………………………（127）
　　二、调查研究的类型 ……………………………………………（128）
　　三、调查研究的原则与过程 ……………………………………（129）
　　第二节　问卷法与访谈法 ………………………………………（133）
　　一、问卷法的基本步骤 …………………………………………（133）
　　二、访谈法的基本步骤 …………………………………………（138）
　　第三节　调查报告的撰写 ………………………………………（144）

第一章

教材解读

根据我国教育改革和发展面临的新形势,针对师范生在教育实践方面存在的诸多问题,依据教育部2016年印发的《关于加强师范生教育实践的意见》等一系列关于提升师范生培养质量以及师范生教育实践能力的重要文件,组织编写了《师范生教育实践能力训练》。本书的编写遵循自主性与发展性、操作性与工具性、系统性与理论性的基本理念,在体系设计上采用横纵结合的编排方式,既涵盖了师范生教育实践的全部内容模块,又对如何进行实践能力训练的各个环节进行了系统而深入的剖析,旨在为师范生自主开展教育实践能力训练、高校与中小学校指导师范生进行教育实践能力训练提供理论指导与实践指南。

第一节　教材编写的背景

教育是民族振兴、社会进步的重要基石。教师教育是教育事业的工作母机,是提升教育质量的动力源泉,但目前教师教育存在的一些现实问题严重阻碍着教师质量的提升。为了促进教师教育的改革与发展,提升教师质量,习近平总书记的一系列重要讲话和国家出台的《关于全面深化新时代教师队伍建设改革的意见》《教师教育振兴行动计划(2018—2022年)》《关于实施卓越教师培养计划的意见》《关于加强师范生教育实践的意见》等一系列重要政策文件,为教师教育的发展和师范生教育实践能力的培养,指明了方向,描绘了蓝图,规划了路线,明确了重点。

一、教育改革和发展面临的新形势

习近平总书记在2018年全国教育大会上强调,教育是国之大计,党之大计。教育是民族振兴、社会进步的重要基石,是功在当代、利在千秋的德政工程,对提高人民综合素质、促进人的全面发展、增强中华民族创新创造活力、实现中华民族伟大复兴具有决定性意义。十八大以来党的教育事业取得了举世瞩目的历史性成就,教师教育也获得巨大发展；但是，新时代新形势，改革开放和社会主义现代化建设、促进人的全面发展和社会全面进步对教育与学习提出了新的更高的要求，促进教育公平、提升教育质量成为教育发展的时代主题。为了使教育同党和国家事业发展要求相适应、同人民群众期待相契合、同我国综合国力和国际地位相匹配，党的十九大从新时代坚持和发展中国特色社会主义的战略高度，做出了优先发展教育事业、加快教育现代化、建设教育强国的重大部署，更加突显了教育的基础性、先导性、全局性的地位和作用。

百年大计，教育为本；教育大计，教师为本。教师是人类灵魂的工程师，是人类文明的传承者，承载着传播知识、传播思想、传播真理、塑造灵魂、塑造生命、塑造新人的时代重任。国家繁荣、民族振兴、教育发展，需要我们大力培养造就一支师德高尚、业务精湛、结构合理、充满活力的高素质专业化教师队伍，需要涌现一大批好老师。教师教育是教育事业的工作母机，是提升教育质量的动力源泉。有高质量的教师教育，才有高水平的教师队伍。习近平总书记在2018年全国教育大会上总结了我国教育改革发展提出的一系列新理念、新思想、新观点，其中一条就是坚持把教师队伍建设作为基础工作。2019年3月，中共中央、国务院印发《中国教育现代化2035》，聚焦教育发展的突出问题和薄弱环节，立足当前，着眼长远，重点部署了面向教育现代化的十大战略任务，而建设高素质专业化创新型教师队伍就是其中之一。因此，为发展更加公平更高质量的教育、建设中国特色社会主义现代化强国、实现中华民族伟大复兴的中国梦提供强有力的师资保障和人才支撑，我们务必采取切实措施建强做优教师教育，推动教师教育改革发展，全面提升教师素质能力，努力建设一支高素质、专业化、创新型的教师队伍。

二、教师教育存在的现实问题

教育改革与发展面临的新形势新使命为教师队伍、教师教育提出了一系列高要求，也为教师队伍建设和教师教育改革与发展提供了明确的方向。反观教师教育现状，虽然取得了一系列的成绩，比如，我国教师教育体系不断完善，教师教育改革持续推进，教师培养质量和水平得到提高，但与新时代新形势对教师队伍和教师教育的要求还存在较大差距，还不能满足党和人民对教师队伍和教师教育的需求，尤其是教师教育和师范生教育实践中存在的突出问题严重阻碍着教师教育质量的提升。

2014年8月，教育部印发《关于实施卓越教师培养计划的意见》，一针见血地指出当前教师培养存在着适应性和针对性不强、课程教学内容和教学方法相对陈旧、教育实践质量不高、教师教育师资队伍薄弱等突出问题；一些师范院校不关注基础教育和职业教育的改革发展，关起门来办教师教育，教育教学改革相对滞后，教育学、心理学和学科教学论"老三门"课程内容"空、繁、旧"的问题尚未得到根本解决，教育实践质量不高，教师教育师资队伍薄弱，培养出来的师范生与中小学、幼儿园和中等职业学校的实际需求还存在一定差距。这些问题至今仍然困扰着教师教育的办学效益与质量提升。

聚焦于师范生教育实践能力培养实践,仍然存在着不少问题,主要表现在以下几个方面:第一,教育实践能力培养内容不够全面。大多数院校较为重视实习这一环节,但是却忽视见习、教学基本功训练、教育调查等环节,即使在教育实习环节,也通常存在着大学教师指导缺位或不到位等问题。第二,教育实践能力培养的规范性不强。大多数院校没有建立起系统规范的师范生教育实践能力培养体系,更没有制订完善的培养计划与管理文件,致使师范生教育实践能力培养流于形式或过于随意,其质量无法得到持续、有效的保证。第三,教育实践能力训练自主性不强。师范生毕竟还未成为教师,日常都是以学生的身份在要求自己,在学习上表现出过于被动,积极性、主动性不强,这些问题在其实践能力的训练上也体现得非常充分。因此,大部分师范生通常是在学院的要求下被动进行教育实践能力训练,其提升自身素质的动力普遍不足,即使有少部分师范生想主动进行教育实践能力训练,但相关教材与系统资源的缺乏也导致其实践能力训练过于零散与肤浅。第四,教育实践能力训练指导性不佳。由于缺乏统一规范的师范生教育实践能力培养规划与指导教程,大多数院校在师范生教育实践能力训练方面有随意性、零散化、表面化的问题倾向,导致对师范生教育实践能力训练存在针对性不强、深刻度不够、实效性不佳等问题。这些问题的改进亟须对师范生教育实践能力培养进行系统规划,亟须编写师范生教育实践能力训练教程。

三、教师教育发展的系列重要部署

党的十八大以来,最早对师范生教育实践能力培养进行规范的是 2014 年 8 月教育部印发的《关于实施卓越教师培养计划的意见》。《意见》明确要求对师范生开展规范化的实践教学,将实践教学贯穿培养全过程,分段设定目标,确保实践成效;建立稳定的教育实践基地和教育实践经费保障机制,切实落实师范生到中小学教育实践不少于 1 个学期的制度;建立标准化的教育实践规范,对"实践前—实践中—实践后"全过程提出明确要求;实行高校教师和中小学教师共同指导师范生的"双导师制";建设教育实践管理信息系统平台,探索教育实践现场指导与远程指导相结合的新模式。

随后,鉴于教育实践能力的重要性以及师范生在教育实践方面存在的严重问题,教育部于 2016 年 3 月印发了《关于加强师范生教育实践的意见》,这是新中国成立以来首个专门对师范生教育实践进行系统规划与部署的重要文件。《意见》包括明确教育实践的目标任务、构建全方位的教育实践内容体系、丰富创新教育实践的形式、组织开展规范化的教育实习、全面推行教育实践"双导师制"、完善多方参与的教育实践考核评价体系、协同建设长期稳定的教育实践基地、建立健全指导教师激励机制、切实保障教育实践经费投入等 9 个部分,全面规划了师范生教育实践能力培养的方方面面,为师范院校、地方政府和中小学校合力做好师范生教育实践能力培养提供了系统全面、操作性强的行动纲领与指南。

党的十九大报告对教育做出了优先发展教育事业、加快教育现代化、建设教育强国的重大部署。为培养教育现代化、实现教育强国所需要的高素质教师队伍,2018年1月中共中央国务院印发了《关于全面深化新时代教师队伍建设改革的意见》。这是中华人民共和国成立以来党中央出台的第一个专门面向教师队伍建设的里程碑式政策文件。《意见》是以习近平同志为核心的党中央高瞻远瞩、审时度势,立足新时代做出的重大战略决策,将教育和教师工作提到了前所未有的政治高度,对于建设教育强国、决胜全面建成小康社会、夺取中国特色社会主义伟大胜利、实现中华民族伟大复兴的中国梦,具有十分重要的意义。《意见》对师范生教育实践能力培养也做出了明确要求,即根据基础教育改革发展需要,以实践为导向,优化教师教育课程体系,强化钢笔字、毛笔字、粉笔字和普通话等教学基本功和教学技能训练,要求师范生教育实践不少于半年。根据《意见》的决策部署,2018年2月教育部等五部门联合印发了《教师教育振兴行动计划(2018—2022年)》。《计划》进一步强调,在师范生培养方面要注重教学基本功训练和实践教学,注重课程内容不断更新,注重信息技术应用能力,教师教育新形态基本形成。

  为贯彻落实《关于全面深化新时代教师队伍建设改革的意见》和《教师教育振兴行动计划(2018—2022年)》的工作要求,2018年9月教育部印发了《关于实施卓越教师培养计划2.0的意见》,对师范生教育实践能力培养做出了高质量的要求。《意见》要求,要着力提高实践教学质量,设置数量充足、内容丰富的实践课程,建立健全贯穿培养全程的实践教学体系,确保实践教学前后衔接、阶梯递进,实践教学与理论教学有机结合、相互促进;全面落实高校教师与优秀中小学教师共同指导教育实践的"双导师制",为师范生提供全方位、及时有效的实践指导;推进师范专业教学实验室、师范生教育教学技能实训教室和师范生自主研训与考核数字化平台建设,强化师范生教学基本功和教学技能训练与考核;建设教育实践管理信息系统平台,推进教育实践全过程管理,做到实习前有明确要求、实习中有监督指导、实习后有考核评价;遴选建设一批优质教育实践和企业实践基地,在师范生教育实践和专业实践、教师教育师资兼职任教等方面建立合作共赢长效机制。党和政府对教师教育发展的这一系列重要部署都直接指向于师范生教育实践能力的提升,指向于教师教育办学效益的提升,指向于教师质量的提升。

第二节 教材编写的理念

《师范生教育实践能力训练》的编写旨在为师范生自主开展教育实践能力训练、高校和中小学校指导师范生进行教育实践能力训练提供理论指导与实践指南。鉴此,本书的编写遵循了自主性与发展性、操作性与工具性、系统性与理论性的基本理念。

一、自主性与发展性

从根本上讲,本书编写的最终旨趣是促进师范生自主开展教育实践能力训练,促使其教育实践能力和教师专业素养的不断发展,进而为其未来一生的教师职业生涯奠定坚实的基础。因此,自主性与发展性是本书编写的首要理念。自主性意味着师范生个体或群体无须他人的指导与帮助,自己就能在教程的指引下有序、高效地开展教育实践能力训练,并能运用教程介绍的方法不断反思、改进和优化自己的教育实践能力和教师专业素养。发展性意味着师范生通过运用本书指引下的教育实践能力训练方法,不仅能够不断推进自身的教育实践能力和教师专业素养得到持续提升,而且能够形成良好的自主进行专业发展的思维与习惯,实现专业自主发展的良性循环,为未来一生的教师专业发展夯实基础。

二、操作性与工具性

从本书定位来讲,这是为师范生自主开展教育实践能力训练、高校和中小学校指导师范生进行教育实践能力训练提供操作指南的一本工具书。因此,操作性与工具性是本书编写必须遵循的基本理念,其实这也是落实自主性与发展性理念的必然要求。为了充分体现操作性与工具性的理念,本书在内容上涵盖了师范生大学期间需要开展的所有教育实践能力训练的内容模块,在时序上按照由简单到综合、由易到难的顺序进行安排,在每一模块的具体内容里对怎么做进行了深入细致的阐述与说明,更提供了大量的操作流程与实践范例供使用者借鉴。在具体使用过程中,本书使用者既可根据自己的需要有针对性选择相应的章节来指导教育实践能力训练活动,也可按本书的顺序依次开展教育实践能力训练或指导工作,非常方便、灵活、实用!

三、系统性与理论性

尽管这是一本用于开展教育实践能力训练的工具书,带有强烈的操作性与工具性,但是本书在编写上也特别遵循了系统性与理论性的理念。一方面本书的宏观结构设计基于教育实践能力训练的内容要素展开,教程的微观结构设计则将是什么、为什么、怎么做有机统整,都充分体现了本书设计的系统性理念;另一方面,本书涵盖的所有内容,无论是教育实践能力培养的内容模块设计、模块之间的内在逻辑关系，还是每一模块、每一个具体技能应该如何有效开展训练都是有其科学依据的，其具体操作性并非经验之谈，而是建立在马克思主义理论、课程与教学论、教育心理学、教师专业发展理论等科学知识基础之上的。

第三节　教材的体系设计

在体系设计方面，本书按照横纵结合的原则进行设计。在横向上，主要基于师范生教育实践能力的内容模块展开，以此构成了本书的主体内容；在纵向上，每一章内容又对如何进行实践能力训练的各个环节进行了系统且具有操作性的描述。横纵结合的体系设计充分体现了本书系统性与操作性的显著特征。

一、横向设计

在横向上，基于师范生教育实践能力的内容，设置了教育见习训练、专项技能训练、模拟教学训练、教学实习训练、班主任工作实习训练、教育研习训练等六个方面的内容。值得注意的是，这六个方面的内容在顺序安排上遵循了三个原则：一是教育实践时间上的先后原则，比如见习肯定在实习之前；二是技能训练先简后繁的原则，比如单项技能训练肯定先于综合能力训练，所以将口头语言、板书、体态等单项技能训练放在课堂教学综合技能训练之前；三是技能训练由模拟到真实的原则。师范生在走进中小学，站上真实讲台之前，一定要在大学校园内反复进行模拟训练，只有不断参加试讲、微格训练、讲课比赛等大量的模拟教学，才能使自己具备初步的教育实践能力，进而走向真实的课堂情境，站稳站好讲台。

二、纵向设计

本书共设置七章内容，第一章"教材解读"，主要对教材的编写背景、编写理念、体系设计和使用建议进行了介绍与阐述。第二章至第七章，每章都在纵向上对如何进行实践能力训练的各个环节进行了系统描述。第二章"教育见习训练"，主要从见习准备、实施、总结几个方面全面细致地为师范生在教育见习阶段提供指导。第三章"专项技能训练"，主要从如何训练口头语言、体态语言、板书等教学基本功，如何训练教学设计、课件制作和微视频制作等方面提供具体详细的指导。第四章"模拟教学训练"，主要对如何进行微格教学、小组试讲、讲课比赛以及如何进行教学反思等方面进行指导。第五章"教学实习训练"，主要从教学实习的准备、教学实习的内容以及教学实习中需要注意的问题等方面进行指导。第六章"班主任工作实习训练"，主要从班主任实习工作的准备、班主任实习工作的内容以及班主任实习工作中应该注意的问题等方面进行指导。第七章"教育研习训练"，主要对调查研究的准备、调查研究的实施、调查研究报告的撰写等方面进行指导。具体见下图：

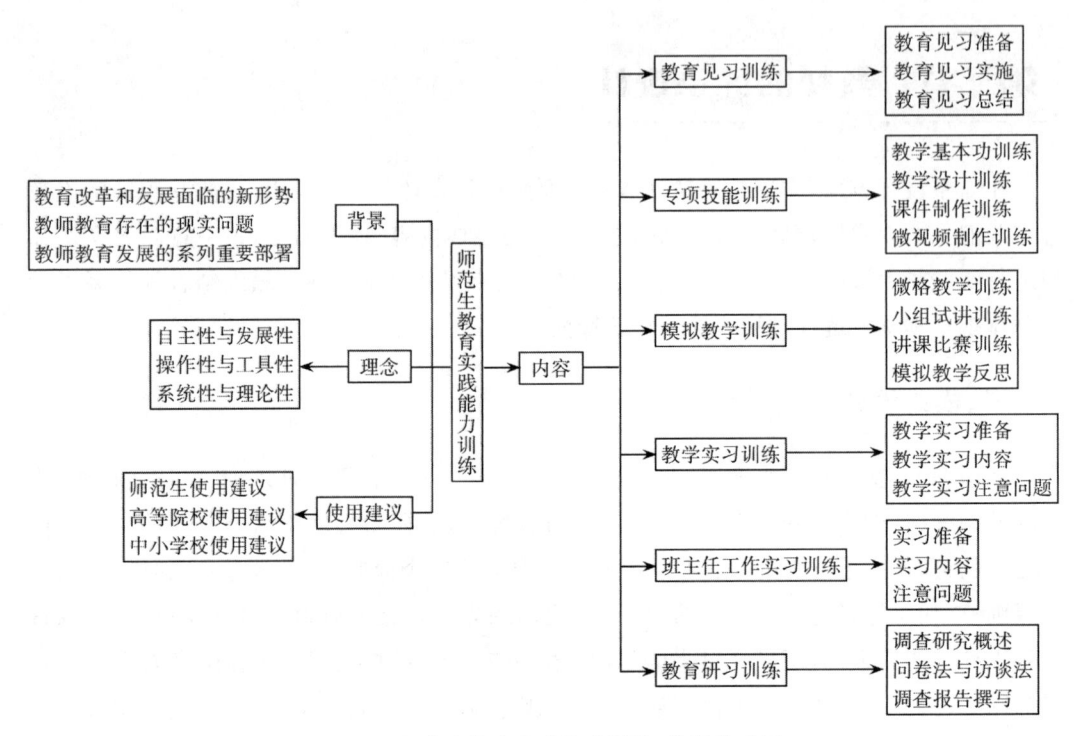

```
                          ┌─教育见习训练 → ┌ 教育见习准备
                          │                │ 教育见习实施
                          │                └ 教育见习总结
                          │
                          │                ┌ 教学基本功训练
                          │─专项技能训练 → │ 教学设计训练
                          │                │ 课件制作训练
                          │                └ 微视频制作训练
┌教育改革和发展面临的新形势│
│教师教育存在的现实问题 ─背景                ┌ 微格教学训练
└教师教育发展的系列重要部署│─模拟教学训练 → │ 小组试讲训练
                          │                │ 讲课比赛训练
                          │                └ 模拟教学反思
师范生教育实践能力训练─内容│
┌自主性与发展性            │                ┌ 教学实习准备
│操作性与工具性 ─理念      │─教学实习训练 → │ 教学实习内容
└系统性与理论性            │                └ 教学实习注意问题
                          │
                          │                ┌ 实习准备
┌师范生使用建议            │─班主任工作实习训练→│ 实习内容
│高等院校使用建议─使用建议 │                └ 注意问题
└中小学校使用建议          │
                          │                ┌ 调查研究概述
                          └─教育研习训练 → │ 问卷法与访谈法
                                           └ 调查报告撰写
```

图 1-1 《师范生教育实践能力训练》教材体系图

第四节 教材的使用建议

本书主要面向师范生,高等院校和中小学校的相关教师也可使用;本书针对不同主体的使用提出了有针对性的使用建议。

一、师范生的使用建议

在大学期间,师范生将逐步实现从师范生向准教师身份的转变,为了顺利促成这一身份的转变,加快师范生的职业认同,坚定师范生的教育理想与信念,有效开展教育实践能力训练是一个非常好的方法。对于如何利用本书自主、高效地开展教育实践能力训练,在使用时间与使用方法上有以下建议。

(一)使用时间

当前,师范生教育实践全程化已是一个发展趋势,也是已被众多国家的教育实践证明了的对师范生教育实践能力训练极为有效的一个重要举措。因此,教育实践能力训练应贯穿师范生学习的全过程。鉴于此,对于师范生而言,本书的使用也应贯穿其学习成长的全过程。值得注意的是,基于师范生教育实践能力发展的基本特点,师范生在不同时期使用本书应有所侧重,具体情况见表1-1。

表1-1 使用时间表

训练内容	使用时间
教育见习训练	见习阶段、实习阶段
专项技能训练	每一个学期都可以使用,但最好在实习前的大一、大二阶段完成初级专项技能训练,大三、大四阶段进行高级专项技能训练
模拟教学训练	每一个学期都可以使用,但最好在实习前的大二阶段完成基本的模拟训练,大三实习期间、大四就业前也要坚持进行模拟训练
教育实习训练	实习阶段
班主任工作实习训练	实习阶段
教育研习训练	每一个学期都可以使用,特别要在实习前的见习阶段、实习阶段和毕业论文撰写阶段进行训练

(二)使用方法

基于每章的内容都兼具理论性与操作性,涉及教师专业化发展的相关理论,建议师范生在使用本书时注意以下两个方面:一是遵循"学习→实践→反思→再学习"的技术路线展开。即初训者应先熟读相应的章节内容,在透彻理解理论知识与操作要领的基础上开展相应的技能训练;在展开技能训练之后,对自己的训练过程与结果进行反思,然后针对自己存在的问题进行拓展式学习以及再次实践、再次反思,依此路线循环往复,使自己的实践能力得到不断提升。二是个人训练与团队训练相结合。当局则迷,旁观则清。建议师范生在进行教育实践能力训练时能够将个人训练与团队训练相结合,即先进行个人自主训练,然后团队一起训练,相互指出问题、给出建议,共同商议改进的建议与发展的对策,以集体智慧促进个体教育实践能力的提升,又以个体教育实践能力的提升引领团队整体教育实践能力的普遍进步。

二、高等院校的使用建议

高等院校在师范生教育实践能力培养中负有组织、指导、督促和保障的职责。具体而言,哪些人可以使用本书呢?可以说,与师范生培养相关的人都可以使用本书。当然,主要的使用主体是分管师范生培养的相关领导、学科教育学教师、辅导员、班主任等群体。对于不同的群体,在使用时有不同的使用建议。

(一)分管师范生培养的相关领导

高等院校对于师范生的培养主要是通过各个专业学院完成,各个专业学院对师范生的培养主要由分管领导直接管理。分管领导既要统筹相关力量制订师范生培养方案,又要负责为师范生培养提供量足质优的各种保障条件,更要监控和督导师范生培养的全过程,直接对师范生培养质量负责。2016年3月,教育部印发了《关于加强师范生教育实践的意见》,对师范生教育实践的目标任务、内容体系、实践形式、实习等方面都进行了设计与规划;《关于全面深化新时代教师队伍建设改革的意见》《教师教育振兴行动计划(2018—2022年)》《关于实施卓越教师培养计划的意见》等文件更是对师范生的教育实践能力做出明确要求。这些都使得师范生的教育实践能力成为师范生培养的重点。但是这些文件无法在操作层面对应该如何开展师范生的教育实践能力培养活动进行详细安排。鉴于此,分管领导可以基于本书内容制订师范生的教育实践能力培养计划,为本学院师范生的教育实践能力训练做出系统而具体的安排,以充分发挥学院对师范生教育实践能力培养的组织、指导、督促和保障作用。

(二)学科教育学教师

分管领导是在宏观层面为师范生教育实践能力的培养提供外部条件,学科教育学教师则可以在微观层面为师范生的实践能力训练提供直接的专业指导。本书几乎涵盖了教育实践能力训练全部的基础内容,这为学科教育学教师的专业指导提供了基本框架与遵循,可以使他们将精力放在诊断师范生教育实践存在的问题和提出有建设性的对策建议上,不仅大大节约了他们的专业指导时间,而且能够极大提升专业指导的效率与效果。

(三)辅导员与班主任

辅导员与班主任也是师范生专业成长中不可或缺的重要力量。他们与师范生接触更多、了解更深,而且可以对师范生整个大学期间的学习生活做出规划、指导与督促。但是长期以来,由于辅导员和班主任对师范生教育实践能力培养方面知识的欠缺,致使他们在师范生的教育实践能力培养中长期处于缺位的状态,应有的作用远没有发挥出来。有了本书,辅导员和班主任就可以全面深入地了解师范生教育实践的全部内容与主要做法,在学院师范生教育实践能力培养方案的基础上,有针对性地制订出本年级或本班级师范生的教育实践能力训练计划,就可以持续跟踪、随时督促师范生的教育实践能力培养过程,还可以针对培养过程中出现的问题及时给出有针对性的意见和建议,适时调整培养方案等。总之,参考本书,辅导员与班主任可以更专业、更深入、更持久、更有效地参与师范生教育实践能力培养全过程,从而提升师范生教育实践能力培养的效率、效果与效益。

三、中小学校的使用建议

师范生是中小学教师的后备力量,师范生的培养质量直接决定着未来教师的质量;师范生的专业成长离不开中小学校的教育见习与实习。因此,无论是从师范生自身的专业成长还是中小学校需要优质的师资来看,中小学校对于师范生的教育实践能力培养都具有重要的作用。就本书的使用而言,分管见习、实习工作的相关领导和实习导师是使用主体。

(一)分管领导

在师范生教育见习实习阶段,分管领导主要负责为师范生提供必要的见习、实习条件。分管领导需为师范生的教育实践能力培养提供以下条件:一是见习、实习场所,使师范生有机会到中小学校进行教育见习与实习。二是实习导师的精选,使师范生能够在有精湛教育艺术和高尚师德的教师指导下开展教育实习,并以此开启其一生的教师职业生涯。三是实习期间训练与办公所需的场所与设备。实习期间,师范生兼有学生与教师的双重身份,从学生身份来看,他们需要教室进行试讲训练、需要召开实习交流与总结会等;从教师身份来看,他们需要批改作业以及与学生交流的办公场所,因此,必要的场所与设备是师范生教育实习有效开展的重要条件。四是食宿安排,良好的食宿安排是师范生安心实习、集中精力开展实习工作的基本前提。除此之外,还可为实习生提供试作、试教之外的课外教育工作实习机会。整体而言,实习生的相关工作专业而烦琐,既需要分管领导具有专业精神与教育情怀,又要非常细心和有耐心。

(二)实习导师

实习导师对于师范生教育实践能力的提升具有直接而重大的作用。在实习期间,每位师范生通常有两位实习导师,即试作导师和试教导师。试作导师负责指导师范生的试作实习工作,即班主任实习工作;试教导师负责指导师范生的试教工作,即课堂教学实习工作。本书用专章分别对师范生的教学实习指导和班主任工作实习指导进行详细阐述。因此,本书对于实习导师也具有借鉴作用。本书为实习导师的指导进行了系统设计,这有助于规范实习导师的指导工作;当然,各导师也可参考本书,根据自己和师范生的实际情况,有重点、有针对性地对师范生进行专业指导。

第二章
教育见习训练

教育见习是师范生在具备了一定的学科专业知识和教学能力的基础上,到中小学以教师的身份对教学活动进行观察、体验和分析的学习实践活动。在见习过程中,师范生可以利用在校学习的教育理论与方法、学科专业知识来审视中小学教育教学实践,以获得对中小学教育工作的初步认识,了解中小学教学内容、方法、过程和规律,体会教育工作的意义。同时,通过教育见习,师范生能促使自身不断反思,体会和验证教育教学理论的正确性,以重新构建自己的教育知识体系,实现教育理论与实践的有机结合。本章节根据教育见习活动的一般过程,从教育见习的准备、实施、总结三个方面展开,以期为师范生的见习活动提供指导。

第一节 教育见习准备

凡事预则立,不预则废。教育见习前一定要做好各方面的准备工作,以保证见习工作顺利进行。见习前的准备工作做得越充分、越细致,见习活动才会有条不紊地进行,见习效果才会越好。这里从组织准备和个人准备两方面来阐述教育见习的准备工作。

一、组织准备

教育见习要正常有序地开展,离不开有组织地安排工作。教育见习的组织准备主要是指在高校学院领导、老师的指导下,师范生发挥主观能动性,自主设立见习工作小组,并确定见习工作小组的成员和分工,明确见习工作小组的职责,全权负责教育见习活动。

(一)设立见习工作小组

见习工作小组,需要师范生自身积极参与,发挥自主管理、自我服务的工作能力。为此,各学院党委和团委可以指导学生会或学生社团设立见习工作小组。

见习工作小组的成员可以依据学生会或学生社团的组织结构进行划分,见习工作小组成员为组长、副组长、各班级见习负责人、各见习小组负责人。根据需要可设置组长1人,副组长3~4人,各班见习负责人若干(根据班级数量情况而定),各见习小组负责人若干

（根据班级内部分组情况而定）。

见习工作小组成员要具备较强的组织、管理、协调能力，清晰的工作思路，较强的责任感。设立见习工作小组后，各成员必须明确自身的责任分工。见习工作小组的工作既要注重集中效率，也要发挥民主团结，即组员之间既要分工明确，各司其职，具备独立承担见习工作中具体事务的能力，以提高见习事务决策效率，也要团结协作，齐心协力，民主讨论，以提高决策的科学性。

(二)见习工作小组的具体职责

见习工作小组的职责体现在从见习计划到见习工作开展再到见习工作结束的过程之中，具体职责如下：

1.组长的职责

见习工作小组的组长负责统筹见习工作的开展，包括方案的制订及实施，向副组长、各班级见习负责人、各小组负责人传达开展见习工作的相关活动通知，如动员大会、总结大会等；传达学院见习工作精神并定期向学院领导、老师汇报见习工作开展情况；了解和掌握见习工作进展情况并提出要求和意见，督促见习成员有序开展活动。

2.副组长的职责

(1)制订见习活动总体方案

活动方案指的是为某一次活动所制订的书面计划、具体行动实施办法细则、步骤等。我们有必要对将要进行的活动进行书面的计划，对每个步骤做详细分析、研究，以确保活动的顺利、圆满进行。所以，见习活动方案的制订，有利于确保见习活动的顺利开展。制订见习活动总体方案，首先要明确方案制订的基本内容，具体包括：

第一，方案名称。尽可能具体详细地写出方案名称，如"××大学××学院××学年××学期教育见习活动方案"，置于页面中央。当然，也可以写出正标题后，将其作为副标题写在下面。第二，活动背景。活动背景应根据策划方案的特点在以下项目中选取内容重点阐述，具体项目有：基本情况简介、主要执行对象、近期状况、组织部门、活动开展原因、社会影响以及相关动机等。第三，活动目的和意义。应用简洁明了的语言将活动的目的与意义要点表述清楚。活动目的要具体化，并需要满足重要性、可行性、时效性等。第四，活动负责人及主要参与者。注明组织者、参与者姓名，以及人员的组织配置、活动对象、相应权责。第五，活动开展。作为策划方案的正文部分，要将活动的时间、地点、具体流程列出来，简洁明了，具有操作性和程序性。其中，具体流程可以分为见习前期准备工作、见习活动开展工作、见习总结工作三个方面。第六，物资经费预算。活动的各项物资费用在根据实际情况进行具体、周密的计算后，用清晰明了的形式列出。第七，应注意的问题及细节。内外环境的变化，不可避免地会给方案的执行带来一些不确定性因素，因此，特殊情况的应急措施也应在策划中加以说明。

××学院2019—2020学年上学期
教育见习活动方案

一、见习背景

为进一步培养大批优秀的思想政治教师,学院与××中学等展开了教学合作,主要合作方式为见习活动,即作为准教师的师范生们,通过中学提供的宝贵的见习机会,能够提前感受真实的生态课堂,吸收与借鉴优秀教师的经验,从而进一步提高自身的教学技能。

二、见习目的

见习旨在为我院学生提供一个与一线教师交流学习的平台,不仅能让学生了解中学政治教学模式、教学方法以及教学发展趋势,还能让学生更加深入地熟悉新课标,帮助大家树立新课程改革观念。

正所谓"见贤思齐,见不贤而内自省也"。在真实生动的政治课堂中,参加见习的学生可以学习其他老师在教学过程中的长处与技巧,反思他们在课堂上存在的不足之处,从而增强自身的教师素质。

通过见习活动,大家不仅可以认识中学政治教学模式与方法,而且可以进一步亲近中学生,了解中学生的课堂动态,明白人民教师的光荣责任和懂得教师工作的意义,增强对教育事业的热爱。

总之,见习活动的根本目的就是为了把教学的理论与实践结合起来,让见习学生能够将教学理论应用到实践中去。

三、见习时间

见习前期准备时间:2019年9月1日至9月20日

见习活动开展时间:2019年10月12日至期末(具体时间待定)

见习活动结束时间:2020年12月月底

四、见习主体

大一、大二以及大三的学生。

五、见习具体流程

(一)见习准备

1.联系中学,确定见习老师名单,统计大一、大二和大三各班有意愿参加见习的同学,将其分为若干个见习小组。

2.对见习小组组长进行培训,发放见习手册,做好见习活动的引导工作,保障见习活动的顺利展开。

3.组织见习小组长去见习学校参加第一次见习活动,让小组长熟悉见习活动流程,并了解见习活动的注意事项。

(二)见习活动开展

1.见习小组长和中学老师确认好见习时间后,到办公室领取见习必备物品,并对本次见习活动的小组成员、人数及其时间做好相关登记。

2.当天见习活动结束后,见习小组要及时归还相应的物品(如凳子、听课证),并对见习活动及时进行总结与反思,于每周二中午12点前每人交一份见习总结(一律按照规定格式交电子档)。

3.每周见习活动结束后,见习工作小组挑选出两篇优秀见习总结,将其登载于学院网站,分享优秀成果。

4.见习注意事项

(1)见习工作组要密切关注各见习小组的具体见习活动情况,若发现某个见习小组存在长期缺席见习活动、经常拖欠见习总结、登记信息敷衍了事等情况,要及时与小组长沟通,了解具体情况,督促其改进。

(2)见习小组长若出现散漫拖沓、对见习缺乏重视和热情的现象,则征求工作组意见,商讨是否更换见习小组长。

(三)见习活动总结

在学期见习活动全部结束后的两周内,召开学院见习总结大会,对这一学期的见习工作进行细致全面的总结,展示见习成果,并对见习活动中存在的缺陷与不足进行检讨和反思,认真听取见习学生的意见和建议,及时改正不足,提出合理的解决方案,为下一学期的见习活动提供参考与借鉴。

六、见习工作联系人

王××:×××××××　　　周××:×××××××

学院见习工作小组
2019年8月

(2)筹备见习活动动员大会

为了给师范生提供一个与一线教师交流学习的平台,让师范生深刻认识到见习活动的重要性,从而以更加饱满和热情的态度参与到见习活动当中去,并能够通过见习活动将教学理论应用到实践中去,学校有必要组织见习动员大会,通过会议向师范生介绍见习活动的安排及各种注意事项。

(3)联系见习学校

见习工作小组的副组长要在组长的统筹安排下,联系好见习学校和见习教师。在联系见习学校的时候,应注意以下几个问题:一是根据学院教师提供的联系方式,主动与见习学校联系,落实见习工作。二是注意沟通技巧。见习工作领导小组组长或副组长在联系见习学校负责人时,要注意礼貌用语,表达清晰,落落大方。三是要与见习学校老师共同确定好见习进度、课表以及见习期间的注意事项。

(4)跟进见习活动

见习工作领导小组的副组长要密切关注各班级见习小组的具体见习情况,若发现某个小组存在长期缺席见习活动、经常拖欠见习总结、登记信息敷衍了事等情况,要及时与各班级见习小组负责人沟通,了解具体情况。见习小组负责人若出现散漫拖沓、对见习缺乏重视和热情的现象,则征求小组组员意见,商讨是否更换见习小组负责人。见习成员若遇到突发情况,要及时向学院领导、老师报告,并及时解决问题。

(5)筹备见习总结大会

为了给见习成员搭建交流平台,分享见习活动过程中的收获及经验,加强教学理念、技能技巧等方面的交流,增强师范生对见习活动的重视,从而今后更加珍惜见习活动的机会,同时展示见习活动的成果,总结活动开展的经验教训并表彰优秀成员,学院有必要在见习活动结束后召开见习总结大会。

3.各班级见习负责人、各见习小组负责人的职责

(1)制订本班见习安排表

各班级见习负责人要结合本班课程安排与副组长联系的见习学校教师课程安排,制订本班见习安排表。首先,要根据各年级中各班的志愿报名情况,划分见习小组。由于大一、大二见习人数较多,且对中小学教学和管理等方面的工作了解不多,因此是重点管理对象,在分组的时候以每个班为单位进行大组划分,各班内部可再进一步细分若干小组,以灵活安排听课人数和时间。由于大三、大四部分学生已经有实习经验或已解决就业,且与大一、大二见习目的和侧重点不同,人数相对较少,因此,可以年级为单位来划分见习小组,大三年级为一大组,大四年级为一大组,在每组内部进一步细分为若干小组。其次,确定见习小组负责人和各班见习负责人。大一、大二见习小组负责人从本班内划分的各小组选出,大三、大四见习小组负责人以年级为单位,每个年级可细划几个小组,在小组内部选出小组负责人;各班见习负责人从各见习小组负责人当中选出一人,各小组负责人直接受各班见习负责人监督,各班见习负责人受见习工作组组长和副组长的监督。

大二(1)班见习安排

一、见习时间安排

××中学:星期四第 7 节高一(11)班陈老师

　　　　星期四第 8 节高一(1)班陈老师

　　　　星期四第 5 节高二(11)班毕老师

　　　　星期五第 6 节高一(5)班陈老师

×××中学:星期一第 6 节高二(14)班冉老师

　　　　　星期一第 7 节高二(12)班唐老师

　　　　　星期四第 7 节高二(11)班汪老师

二、见习老师联系方式

毕老师	××××××××××
冉老师	××××××××××
唐老师	××××××××××
汪老师	××××××××××
陈老师	××××××××××

三、见习小组成员

班级见习负责人	×××			
第一组	小组负责人	×××	组员	若干
第二组	小组负责人	×××	组员	若干
第三组	小组负责人	×××	组员	若干
第四组	小组负责人	×××	组员	若干

四、见习注意事项

1.见习小组组长要在规定的时间内(周一至周五 12:50—13:50 和 21:40—22:30)到指定地点借、还凳子和听课证;

2.见习前一天,见习组长必须提前打电话联系见习老师;

3.考虑到等车以及路上堵车等特殊情况,最好提前 40～50 分钟出发,确保提前 10 分钟到达见习教室;

4.每天见习活动结束之后,须尽快返回学校,注意安全。

(2)传达和反馈见习情况

各见习小组负责人要与各班见习负责人进行及时沟通,各班见习负责人要直接与见习工作组对应的副组长、组长、本班见习小组成员进行沟通联络,传达和反馈见习工作组的相关活动信息和意见,监督各见习小组的见习活动情况。各班见习负责人和各见习小组组长要明确自身责任,包括:见习小组组长要统计每次听课人数,尽量控制在十人以内;在准备去中学听课之前,各班见习负责人要提前一天打电话联系见习老师,告知此次见习人数及听课时间,礼貌地询问老师此次上课的内容和需要注意的事项,并提前准备好所需的书本材料,熟悉课堂要讲的内容,做到心中有数;各班见习负责人在见习之前要提前联系见习工作组副组长,在规定时间领取听课证和其他物品,并做好见习时间、地点、人员、听课证等登记工作,登记过程中必须仔细、严谨,杜绝敷衍了事的工作作风。

二、个人准备

师范生进行见习前,个人也需要做好充分的准备,包括心理准备、明确见习内容、制订见习计划。

(一)心理准备

1. 重视见习活动

高校十分重视教师的职前教育,教育实习和教育见习都是师范生职前教育的重要实践活动。其中,教育实习工作在高校已经形成了较为系统的管理体系,也受到高校和学生的重视。但是,很多院校和师范生对教育见习的认识并不深入,也不够重视教育见习。有的人认为教育见习只是教育实习的一个环节或补充,师范生也并没有真正以教师的身份走上讲台,没有必要在平时课堂教学中投入太多的时间和精力。另外,由于课时有限,有的课程学习任务也比较繁重,加之大学生参与的社团活动也占据了部分课余时间,很少有时间去参与见习活动。因此,师范生应该从思想和心理上改变以往不正确的认识,应认识到见习的重要性,重视见习活动,合理安排时间,积极参与见习活动。

2. 主动进行角色转换

人们在进入一个角色状态后会形成惯性,会在很长一段时间内表现出这个角色所赋予的思维模式和行为方式,因而往往会对新角色的转换感到措手不及,难以适应。师范生走进中小学进行见习,由于角色身份的变化,使得师范生自我定位发生偏转,一时无法正确认识自己的角色定位和作用。这就要求在进行角色转换时,个体能够有意识、有准备地进行角色的转换,这样才能更加迅速、顺利地完成行为模式的改变。师范生在见习过程中进行角色转换时,不但要意识到角色转换的必要性,更要在心理上明确新角色所规定的行为规范、权利与义务、态度与情感、知识与技能等。在见习之前,要有充分的心理调整准备活动,进行一定的心理调适,主动进入教师角色。

3. 强化大局意识

见习工作组与见习小组形成见习团体,要求每个成员都要有较强的团队意识。见习工作组会根据整体情况进行见习安排,有时候不能照顾到每个成员的意愿。对此,见习成员要按照个人服从团体、讲求团队合作的原则,妥善处理关系。另外,在见习过程中,可能会出现以下问题,如:见习工作组成员过于强调分工,而不注重内部合作;个别见习小组成员在见习过程中半途而废,以致影响见习工作的有序开展;个别见习小组成员按照个人意愿随机去见习学校听课,这可能会使得课堂听课人数较多或过少,影响见习学校教师的正常教学,等等。因此,见习成员要在见习之前强化大局意识,培养团队协作的精神和坚持不懈的毅力。

(二)明确见习内容

1. 观察校园文化环境

校园文化是一所学校精神环境和物质环境的结晶。校园文化由观念文化、规范文化和物质文化构成。师范生在进入见习学校以后,要注意观察校园文化环境,这对于拓展师范生的视野、了解熟悉学校有着重要意义。观察校园文化环境具体包括:观察观念文化,即学校办学的指导思想、教育理念、校风、校训、学风等;观察规范文化,即学校的组织机构设置、规章制度、教师团队等;观察物质文化,即教学基础设施(如教学楼、办公大楼、实验楼、图书科技楼、文化墙、体育设施等)。

2.观察班级文化环境

良好的班级文化环境对于班集体的成长发展、良好班风的形成有着潜移默化的重要影响。师范生在见习过程中,要注意观察班级文化环境。班级文化环境不仅包括物质文化环境,还包括制度文化和精神文化环境。一是观察物质文化环境。物质文化是班级文化的载体,是班级文化最为直观的外在表现形式。师范生在观察班级文化的时候,要注重观察教室卫生、黑板报、墙面设计(字画、标语等)、教室角落(绿化角、图书角、小黑板等)、师生仪表等。二是观察班级制度文化。教育离不开管理,教育与管理二者紧密结合,班级制度具有强制性和教育性。观察班级制度文化,主要包括观察班委的构成和职责分工、班级规章制度的设置、班级的奋斗目标等。三是观察班级的精神文化,观察内容包括班风、学风、师生人际关系的处理等。

3.观察课堂教学

观察课堂教学工作是见习的核心任务。见习成员在观课时不能盲目,应提前对观课内容进行了解。同时,一节课成功与否,不在于老师讲了多少,而在于学生学会了多少。所以,观察课堂应从单一听老师的"讲"变为同时看学生的"学",做到既听又看,听看结合,注重多角度观察。观察内容具体包括两方面:一是听什么。听教师怎么讲,听他是否讲到点子上了,重点是否突出,详略是否得当,讲得是否清楚明白,学生能否听懂,教学语言是否流畅有感染力,教学设计是否具有启发性,是否激发了学生的求知欲和思维的参与热情,听师生互动的内容,等等。二是看什么。看教师,看教师的精神是否饱满、教态是否自然亲切,看师生是否平等交流;看学生,看整个课堂气氛,是静坐呆听、死记硬背,还是情绪饱满、精神振奋,对本节内容是否感兴趣,看学生参与教学活动的情况,看学生的注意力是否集中,看各类学生特别是后两排学生的积极性是否被调动起来,看学生与老师的情感是否交融,看学生分析问题、解决问题的能力如何,等等。

(三)制订见习计划

1.制订学期见习计划

见习小组成员需要对见习学校学期教学工作和班主任工作做一个较为具体的整体规划,即学期见习计划。制订学期见习计划是保证见习工作有条不紊、富有成效地开展的重要准备工作。具体来说,包括以下内容:

(1)学期教学见习进度计划

制订学期教学进度计划,首先要根据见习学校校历和高校课程时间安排,对整个学期的见习教学时间做一个总体安排,确定好周次、课时数、教学内容安排等。

表 2-2　学期教学见习进度计划表

所用教材		出版社	
周次	教学内容安排		总课时
第1周			
第2周			
第3周			
第4周			
第5周			
……			

(2)班主任工作见习计划

表 2-3　学期班主任工作见习计划表

周次	班级	班主任	主要内容
第1周			
第2周			
第3周			
第4周			
第5周			
……			

2.制订单次见习计划

师范生在每次见习活动之前都应做好相应的准备计划,制订单次见习计划。在见习活动之前,应确认好课堂教学、班会活动的具体时间、地点,提前熟悉教材,准备好听课记录本。另外,应提前准备好相应的工具,如凳子、听课证、录音笔、照相机、笔等。

表 2-4　教学见习周计划表

周次	星期	班级	节数	任课教师	授课内容	备注
第1周	一					
	二					
	三					
	四					
	五					
……						

表 2-5　班会课见习周计划表

周次	星期	班级	节数	班主任	班会内容	备注
第 1 周	一					
	二					
	三					
	四					
	五					
……						

表 2-6　见习活动听课笔记

姓名：_____　　班级：_____　　第_____次见习

见习班级		教师		课型	
课题					
教学过程（环节）					
教学点评					
见习感悟与反思					

第二节　教育见习实施

教育见习实施是见习活动过程中的关键环节。无规矩,不成方圆,师范生在具体的见习活动中首先要严格遵守纪律,以保证见习活动的有序开展。同时,要熟练掌握见习技巧,以提高见习活动的有效性。

一、严格遵守见习纪律

为了加强师范生在见习期间的自我约束和自我管理,确保自身的人身财产安全,同时,为了保证见习任务的圆满完成,见习师范生必须自觉遵守见习活动实施过程中的纪律。具体包括:

(1)见习生要服从见习工作组和见习学校的统一安排,若对见习工作有要求和意见,应通过正当途径反映,不应评头论足,议论是非。

(2)在去学校见习的路上,见习生需注意安全,并保管好见习团体的公共财产。

(3)见习生在上课前要事先了解这堂课的教学内容,准备好教材与笔记本,做好听课记录。

(4)见习生在进入学校之前要带好听课证,进校时主动向门卫登记。注意上课时间,至少提前5分钟走进教室,上课前将手机铃声调为静音状态,进入教室后不随意走动,遵守教师课堂纪律,不扰乱教师上课秩序。

(5)见习期间,动用见习学校的器物,应征得学校有关部门同意并按时归还。如有损坏或遗失,要及时汇报,并照价赔偿。

二、熟练掌握见习技巧

(一)做好听课记录

听课时要集中注意力做好笔记,在听课过程中对授课教师教学方法的选用、教学环节的优化、教学语言的特点、教学思想的体现等的思考和评价都应及时记录下来,以利于课后学习。每位教师在长期的教学活动中都可能形成自己独特的教学风格,不同的教师会有不同的教法。在听课的过程中要善于进行比较、研究,准确地评价各位授课教师以及各种教学方法的长处和短处,并结合自己的实际情况,吸收他人的有益经验。

长效教育见习活动听课笔记

姓名：_____　　班级：2015级食师2班　　第 2 次见习

见习班级	高三12班	教师		课型	评讲课
课题	2017仿真模拟全国卷(五)					
教学过程（环节）	一、分析题型 二、带领学生抓题目重点。 三、带领学生一起分析答案 四、由题目带出考点，阐明题目所考点，并由此分析该题之题目要考什么内容 五、由一题散发出多向知识，结合政治、经济、哲学、文化四个方面，拓展及复习知识。 六、分析易错点、易混点与正确答案相对比，使学生更明确掌握答案选择的原因。				
教学点评	一、具有清晰的条理，将考点与试题讲解相结合，点出重点并注视。 二、及时与学生进行互动，向学生抛出问题，避免学生精力分散或注意力不集中的情况。 三、教材讲读到位，能准确的把考点与教材知识相结合并捕捉出来 四、结合高考评卷标准，明确地提出答案得分点、失分点，让学生在进行知识相关试题练习时，能有更明确的侧重点。				
见习感悟与反思	作为一名未来的人民教师与现在的教师仍相距甚远，我认为自己还应该更加珍惜、把握自己在学校学习上的时间，多多扎实自己的专业知识，拓展自己的非专业知识，锻炼自己的教师技能。尤其需要更多地去研读初高中政治教材，课标等，并尝试多做政治高考卷，练习题以来提高自己对于考点、考法的熟悉度。				

图 2-1

长效教育见习活动听课笔记

姓名：_____　　班级：2015级思一　　第 1 次见习

见习班级	高一.13班	教师		课型	复习课
课题					
教学过程（环节）	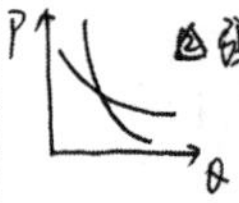 一、框架梳理 价格 → 影响价格 / 价格影响 → 两条线 （一）影响价格的因素 　直接：供求 　决定：价值 　其他 （二）价值规律 　① 商品生产 → 价值 → 社必劳 　　商品交换 → 交换 → 以价换 　② 价格围绕价值上下波动 　③ 社会必要劳动时间 （三）价格变动影响消费 　① 对生活的影响（坐标图）需求 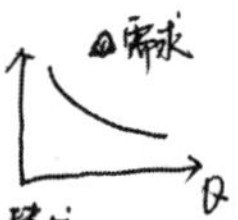 　　弹性　相关（替代/互补） 　② 对生产的影响 　　△调节产量　△调节生产要素				
教学点评	本堂课为经济生活第二课复习课，老师讲授重点突出且目的明确，且多以问答句方式提问学生的掌握情况，有利于学生复习效果提升；且板书设计明确、线索明确清晰；教学中互动明显、教态自然、联系时政与实际，联系考点。				
见习感悟与反思	1. 在教学过程中要注重启发学生，通过设置问题或其它方式引发学生思考，才能提高教学的效率。 2. 在教学中应做到重点突出，通过强调方式明确重点。 3. 可利用图表、生活实例使抽象内容具体化。 4. 应注重教态、板书的基本功学习。				

图 2-2

长效教育见习活动听课笔记

姓名：_____　　班级：免师(一)班　　第 一 次见习

见习班级	高二(1)班	教师		课型	授新课
课题	唯物辩证法的发展观				
教学过程（环节）	1. 课前组织：开始上课前，喊"起行"问好，结束课间休息，调动全班同学们的注意力。 2. 知识复习：通过几个问题，帮助同学们对上节课已学的知识进行系统化复习，同时又增强理解和记忆，全面地了解知识点之间的关系，形成框架。 3. 讲解：PPT向同学们展示多样的图片，要求判断"新事物"并且进行事物判定原理的分析，以此让同学们更准确地理解"新事物"的判断标准，更好地掌握和应用知识。 4. 巩固提升：展示故事材料，引导学生思考相关话题；课堂集训，进行针对性的题目练习。由题目进行相关知识点的解析，强调考点。				
教学点评	1. 首先帮助学生进入上课时的学习状态，调动其投入课堂教学中。 2. 以问答式进行启发式教学，使学生充分发挥自主性，熟练掌握知识。 3. 情境教学法，利用多媒体技术，通过丰富的图片素材，以生动形象的语言激发学生兴趣，更深化对知识点的理解与判析。 4. 对所学内容进行及时的复习巩固和提升，给学生讲明重难点和易考点。				
见习感悟与反思	1. 课堂上通常是授新课、复习课、练习课、结束课、评讲课等综合多种教学方式的综合课类型。 2. 要根据教学内容选择启发式教学法、讲授法(讲解、评议)、探究式教学法、情境教学法、情绪调节法等多种教学方式。 3. 作为思政教师，必须具备深厚的专业知识以及丰富的教学形式，做到在实际课堂上积累经验，提升水平。				

图 2-3

(二)收集和整理见习素材

人类大脑的短时记忆容量是有一定上限的,并且有遗忘机制,因此,我们需要运用有效的方式收集并整理素材,以便保存和后续使用。师范生收集见习素材,包括运用相机、手机等工具拍摄见习学校的校园文化和班级文化环境,在见习学校教师的允许下进行课堂录音或录像、拷贝课件等。同时,在收集完素材后,要做好后续工作,对其进行分类整理。

(三)收集和整理教育案例

师范生在见习的过程中可以收集和整理若干教学案例和班主任教育工作案例,在观察的基础上,对教育教学活动中所发生的真实事件和现象做如实简要的记录。教学案例要着重记录教师的教学过程各个环节设计、教学风格、教学理念和方法,学生的学习效果、心理特征等。班主任教育工作案例要注意记录班主任管理班级的经验,如班委的产生、班规的制订、班级的日常管理、个别教育、班风等方面。

(四)主动与见习学校师生进行交流

见习成员要积极主动与见习学校的老师、学生进行交流,在交流过程中要注意沟通技巧。一是要明确交流的主题。见习成员与见习学校老师的交流,可以从教与学两个方面开展,如对具体教学过程的困惑、对学生认知特点的把握、智育与德育的结合等;在与见习学校的学生进行沟通时,要了解学生的学习效果,倾听学生的诉求,了解学生的个性特点等。二是要处理好沟通交流的细节。如做事要积极主动,多向见习学校老师请教问题;保持谦逊的态度,学会聆听,用欣赏的眼光看待他人;看到见习学校老师要热情,主动打招呼;把握好沟通时机,尽量不要过多占用见习学校老师和学生的课余时间,以免影响其正常教学等。

(五)时时进行角色暗示

心理暗示,是指人受外界或他人的愿望、观念、情绪、判断、态度等影响的心理特点。心理暗示,从心理机制上讲,它是一种被主观意愿肯定的假设,不一定有根据,但由于主观上已肯定了它的存在,心理上便竭力趋向于这项内容。师范生由于在进行角色转换的过程中会产生一定的心理冲突和矛盾,这就需要其自身时刻提醒自己在不同的情境中所扮演的角色不同,强化见习过程中的教师角色。

(六)及时进行见习总结

师范生在教育见习过程中,可能会遇到很多没有解决的问题,回校后需要与学院指导教师和同学研讨交流,还有的学生可能有很多收获和新见解渴望与指导教师和同学分享,所以见习工作组应及时组织学生开展见习总结,帮助学生解决相关疑问,使他们在理论水平和实践经验上获得进一步的发展。具体方法有:在某一阶段的教育见习结束后,要求学生撰写教育见习总结,总结收获和存在的问题等;举行教育见习交流会,邀请指导教师,结合所学理论知识,联系见习实践,进行深入交流;指导教师客观评价见习效果,在肯定成果的同时指出存在的问题,并为学生提供解决问题的思路和方法。

第三节　教育见习总结

教育见习总结是见习过程中的重要环节，全面、科学、及时的总结有利于见习者汲取经验教训，为以后的学习以及实习提供参考。本节以见习主体为视角，分为个人总结和集体总结，从总结的内容和方式方面进行阐述。

一、个人总结

个人总结是对自身在某个时期某个工作暂时结束或完全结束后进行回顾和分析评价的过程，从中找出问题，肯定在工作中做得好的方面，发现在过去工作中存在的不足，从而吸取教训，积累经验。

（一）总结的内容

个人见习总结的内容主要包括以下三个方面：一是见习基本情况的回顾。这是师范生对自身见习情况的简要介绍。见习基本情况的回顾包括从个人准备到见习实施的过程，可以简要回顾某一阶段或整个过程的见习情况。二是见习体会与经验。师范生要反思见习活动中获得了哪些经验，发现了哪些教学共性、规律性的东西，使感性认识上升到理性认识，以提升自身的教学理论水平。三是见习不足与展望。通过对见习过程中自身存在的问题进行认真分析，吸取教训，并反思接下来应纠正哪些错误，下一步应如何计划，未来应取得什么样的成果。以下为具体案例：

个人见习总结

作为一名思想政治教育专业的师范生，学好专业知识，具有良好的专业素养，具备厚实的专业基本功是基础，但要提高教学技能水平，这还需深入中学课堂。通过观摩一线教师在课堂上讲授知识以及管理课堂的方式，可以有效提升师范生的教学技能和管理能力，从而更好地完成从学生到老师身份的转变。学院组织的教育见习活动就提供了这样的平台，师范生通过此活动可进入中学课堂，将学习的理论知识和实践结合起来，切实扣好教师生涯的第一颗"扣子"。

在见习活动中，感悟颇多，受益匪浅。首先，在备课过程中，教学设计不必过于复杂，哪怕只抓住一个核心，也可以完成一堂高质量的思政课。重要的是要站在学生的角度，结合学生的反馈，因材施教，着重讲述学生知识普遍薄弱的地方，做到突出重点，抓住核心。同时，教学设计要有逻辑性，思路要清晰；要多关注时政，多与现实生活结合，勇于创新，并要引起学生的共鸣。在课堂教学中，从教学方面来讲，课程导入可以采用复习导入的方式，先回顾上一堂课的学习内容，再导入新课。而回顾上堂课知识时可以用画图的方式，这样学生能直观看到所学知识点，形成知识结构，简单易懂，慢慢地脑海中就会形成知识体系。新课导入可以采取多种方式，例如从上堂课学习的内容入手，从新课题目入手（提问学生对题目的理解),从现实生活中的现象和问题入手等,更多的是要激发学生对本堂课的兴趣。在课堂讲述时,讲清楚知识点是关键,一节课不在于讲多少知识点,而在于"精",在于学生在本堂课收获知识的多少,所以要把握讲课节奏,要始终带着学生去探索问题,切实把握学生们的关注点,抓住学生的启发点来进行情感升华。注意在讲课过程中要有自己的逻辑,在关注学生反馈的同时,也不能被学生带着跑。在课堂尾声,可以采用回顾总结式结尾,带学生梳理本堂课学习的知识;可以进行课堂训练,及时检验学生的学习效果;也可以讲述下节课的一些知识点,为下节课做铺垫,让学生做好课程预习。如果是试题评讲课,教师首先要通过分析数据引出考试中的易错点,然后结合错题情况和知识点的难度做到评讲时有针对性。讲评时要告诉学生一些做题的方法,要与学生互动,一起再次找出答案。要及时发现学生在学习中的问题,把控学情,与学生一起查漏补缺。

最后,从教师本身来讲,要找到属于自己的教学风格,不必刻意追求幽默,要了解学生,关注学生反馈,积极与学生互动,激发学生的学习热情,营造和谐、融洽、积极、向上的学习氛围。

成为真正教师的路任重而道远,通过见习,发现了在实际教学过程中的一些问题,更早地接触到了教学生活,也为以后成为一名优秀的人民教师打下了基础。

(二)总结的方式

个人见习总结的方式多种多样,按总结内容的性质划分,可分为全面性总结和专题式总结。这样划分的原因在于:一方面,通过全面总结,可以对某一时段的主要情况进行全面回顾,以期对见习活动有一个全面而系统的认识,但需要注意的是全面总结并不是面面俱到;另一方面,通过专题式总结,可以对见习过程中的某一方面或重点问题进行深入细致的分析,它的侧重性较强,具有针对性,主题明确,重点突出。从见习的个人准备到实施,就可以分为许多专题,如课堂教学、班主任工作等模块化问题。以下为具体案例。

个人见习全面总结

时光如梭,不知不觉见习活动开展了近一个月了。在这一个月里,在学校领导、老师的悉心指导和帮助下,我虚心学习,积极见习。下面我将本月的见习情况做简要的总结。

一、个人表现

在教育见习的一个月中,我在思想上严格要求自己,积极主动进行角色转换,积极参加见习工作组组织的各种学习和交流活动,认真反思和总结,按时提交见习心得,遵守见习纪律,团结同学。

二、课堂教学见习情况

在教育见习期间,我了解了见习工作的具体课程安排,并参与听课。我共计听了12节课,并认真做了听课记录。有时间的时候,我还积极协助任课教师批改作业。通过观察课堂教学情况,我收获了许多,也反思了自身的不足。

俗话说:"台上一分钟,台下十年功。"别看老师上课时在讲台上讲得如此从容,上课前他们可是做了长时间准备的。每位指导教师都有自己在教学方面的特点,我们只有虚心学习才能有所提高。在教学设计方面,首先,要吃透教材,参考相关图书,分析哪些知识点是学生必须掌握的,哪些是考试常考内容。其次,设计好讲课的思路。只有自己的讲课思路清晰之后,才能进一步考虑要用什么样的方法去讲解知识点。再次,写好教案。参考别人的教案,精心设计自己的教案。在技巧方面,树立教师威信,用新颖的方式导入课堂,从学生乐于接受的角度导入,才能够激发学生上课的激情。

三、班主任工作见习情况

这一个月,我见习班主任工作的次数不多,听了3节班会课。我认识到班主任工作是琐碎繁复的,例如监督学生的早读、早操、学习、卫生、个别教育等。同时,我也有了一些领悟。作为一名班主任,除了维持好正常的教学秩序,保证学生良好的学习环境外,更应该关注每一个学生的思想状况,全面了解学生情况。

以上是我这一个月以来的见习总结。在一个月的见习中,我收获了许多经验,也有所成长。但同时也意识到自己还存在一些不足,如理论与实践的结合还不是很充分,对学生的了解还不是很多等。在今后的见习中,我将不断改进,不断提升自我。

×××
××××年××月××日

课堂教学见习总结

课堂教学工作是学校各项工作的中心,是检验一个教师工作成败的关键。通过近半个月的课堂教学观察,我收获了许多,也反思了自身的不足。

首先,研读教材、做好教学设计是上好一堂课的基础。研读教材是备好课的基础和核心环节,在熟悉教材的基础上要做好教学设计,这是教师上好课的必要前提。在教学设计的时候,应注重学情分析,了解班级大部分学生的真实水平,把握学生的个性特点,从而在教学过程中激发学生的参与热情。教学设计包括导入、授新、总结、练习巩固等环节,每一个环节的设计都要注重激发学生的兴趣,培养学生的思维。

其次,熟练掌握教学技能。教学技能是教师的基本功,要熟练掌握。在观察课堂教学时,我发现大部分老师的教学基本功较扎实,现代化教学技术掌握较好,只有少部分年轻教师由于经验不足还存在些许问题,如板书不美观、语言表达不简练、课堂驾驭能力不够等。

再次,要有自己的教学风格。听了不同的课,我发现每个老师都有不同的教学风格。我很欣赏老师在课堂上的应对自如,形象生动的讲解,丰富的面部表情及肢体语言,这些能够充分地调动课堂气氛,使每位同学参与其中。它让我觉得教学是一门艺术,而课堂语言则是这种艺术的表达方式,如何能够把这种艺术完美地呈现在大家面前,关键就在于积累,不断地学习教学技能、教学方式。

最后，要认真批改学生作业。教学效果也是衡量一堂课成功与否的标尺，通过课后作业的批改，教师能够及时了解学生的学习情况。在批改作业的时候，有的老师就有自己的方法，比如统计做得好的同学并给予鼓励，统计集中错的题并进行重点分析。

通过观察课堂教学，可体会到见习学校教师们的教育态度、责任心，能够学习到他们的敬业精神，进一步加深了我对因材施教、以生为本等理念的理解。同时，也会有一些问题，如自己对教学过程中的某些知识点吃不透、把不准，还需多加努力，多加磨炼。

×××
××××年××月××日

班主任工作见习总结

近一个月，我听过三次班会课，也与一些优秀的班主任老师进行了交流，收获满满。其实，班主任工作很不好做，不仅辛苦，而且责任、义务也很多。在见习班主任工作的过程中，我从见习学校班主任老师那里学到了很多关于班级管理方面的经验。

一是班主任要树立德育观念。立德树人是每个教师的工作宗旨，班主任是班级的教育者和组织者，是学校领导进行教导德育工作的得力助手。班主任在具体工作中不能完全以成绩来评价学生，应更多关注学生的日常行为、性格、特长等，从而全面客观地评价学生。

二是培养班干部自我管理班集体。其一，要发挥班干部的特点，帮助班干部树立威信。其二，鼓励班干部大胆工作，讲求工作方法，同时要求班干部以身作则，起到模范带头作用。其三，培养班干部团结协作的精神，坚持正确的舆论导向，开展批评与自我批评，增强班集体的组织性、纪律性和进取心。

三是做好个别教育。一个班集体中的每个学生来自不同的家庭环境，成长经历也各不相同，班主任要采取各种方法，针对班上个别特殊的情况进行不同的教育，与不同类型的学生谈心。比如：帮助"学困生"进步，要为其提供合适的学习方法并帮助其培养好的学习习惯；针对单亲家庭的孩子要多关心，培养其自立自强的品质；针对破坏纪律的学生要以引导为主，不能采取过激的方式。

四是要关爱每位学生。班主任要热爱每位学生，最忌偏爱。偏爱不仅有损教师的形象，而且不利于学生的团结和学习。

五是要把握时机增强班级凝聚力和荣誉感。比如通过引导学生积极参加学校组织的各种有益活动，培养他们的集体荣誉感。整个班集体如果很团结，学习风气也就会比较好。

总之，班主任的工作细致而又复杂，应在实践中不断积累经验，促进工作的进步。

×××
××××年××月××日

二、集体总结

教育见习的集体总结是对某一时期内的整体或部分见习活动情况进行回顾、分析、评价的过程，肯定在见习活动中做得好的一方面，发现存在不足的地方，从而吸取教训，累积经验。通过集体交流总结,大家可以系统地了解自身所在的小组和整个见习团队的情况,认识以往工作中的优缺点,从而明确下一步工作的方向,少走弯路,少犯错误,保证见习团队的活动顺利开展。

(一)总结的内容

集体总结的内容主要包括整个集体在见习过程中的收获与存在的问题。相对于个人总结,集体总结侧重于共性的一面。首先,介绍集体概况,包括由哪些成员构成、基本结构的介绍;其次,概述集体见习情况,如见习活动的风气和氛围、见习活动的效果以及集体在见习活动中是如何分工合作、如何安排见习的等;最后,对集体见习的经验与不足做出说明,并对以后发展的方向做展望。

(二)总结的方式

集体总结的方式按照主体划分,主要有见习小组总结和见习工作组总结。

见习小组总结:一是对小组的基本情况做简要介绍,包括小组成员所在年级与班级、小组名称、见习地点与时间;二是明确总结的任务与要求,总结的基本内容包括见习收获、经验及存在的问题;三是对见习小组下一步的工作进行计划。

见习工作组总结:一是对学院见习团队的整体情况做介绍,包括学院不同年级的分组情况、见习学校情况等;二是介绍全体见习小组的见习情况;三是累积经验、启发思考,查摆不足、吸取教训,相互学习、取长补短。具体案例如下。

见习小组总结

金秋十月,丹桂飘香。一转眼,学院赴××中学见习小组从××年××月××日就岗以来到现在已近一月,在见习期将尽之余,本小组通过座谈会的方式,简单总结了见习期的情况。在座谈会上,各成员感受良多,在学习到知识的同时也发现了自身的不足之处,现将本小组见习的基本情况总结如下。

一、岗位的对接。来到××中学,学校领导对我们表示了热烈的欢迎,也热情地接待了我们。学校领导组织相关教师和见习小组开了一次简短的"拜师会",安排了教研组××老师、××老师作为见习小组的指导老师。

二、角色的转变。刚入岗位,一切都很新鲜,我们由一名青涩懵懂的在校学生逐渐转变为一位老师,从教师的视角去观察审视基础教育。

三、教学的认知。在以往的认知模式中,教师的"教"和学生的"学"是分开的,教师往往采用灌输式的方法来对学生进行指导。但在聆听指导教师的几堂课后,我们认识到,"教"与"学"既是合二为一的,也是相辅相成的,"教"是"学"的基础,"学"是"教"的必然成果,二者不能独立开来。

四、教学的方法。通过进入课堂观察教师的教学,我们在教法上也得到了相应的认知。各位指导老师都是学校里面德高望重的老师,教学教法上值得我们学习的东西还有很多,特别是对课堂的驾驭能力以及课堂上师生间的互动是我们学习的重点。

五、见习不足之处。在获得经验的同时,我们自身在能力上也存在明显的不足,具体说来有:课后反思不足,与任课教师的交流不足,小组与小组之间的沟通不足,部分小组成员没有百分之百遵守见习纪律等。

见习小组
××年××月××日

小组见习总结

1.见习组织。第一周的见习活动后我们慢慢熟悉了流程。每个班级的见习手册,详尽讲解了见习活动注意事项,确保每周见习活动的顺利开展与完成情况的检测以及成果的收取。要求小组长,每天及时准确地通知与提醒组内各位同学,总的来看,工作完成度较好。

2.见习实施。在活动开展时,小组长于每周日晚提前确认班级下周见习人员的名单,提醒小组同学注意事项与物资的取放,并于见习前一日向老师询问见习课程及相关事宜,确保见习学校与学院之间的联系通畅无误。同时,见习小组如要求见习听课时,告诉大家坐在教室后面,安静地听课,认真做好听课笔记,努力从富有经验的好教师那里收获一些讲课经验。在见习的同学返校后,还需要对小组长每一次见习的完成程度进行确认,收取见习笔记与合影,以及提醒小组成员及时归还物资。

3.见习收获。整体来看,见习活动的组织与开展都较为科学合理,基本达到了见习的目标。但在过程中我们也存在着许多问题,比如同学们的见习热情不是很高,见习物资取放环节烦琐等。我们在肯定成果的同时也会正视这些问题,努力提出合理的解决方案,为以后的见习活动更加优质的开展奠定基础。

第三章

专项技能训练

专项技能训练涉及教学基本功训练、教学设计训练、课件制作训练和微视频制作训练。其目的在于指导学生有针对性、有技巧地按照一名合格教师的标准去练习。本章将从具体的专项技能要求入手进行指导,并说明训练的方法和技巧;希望师范生能够按照基本要求,遵循训练方法,勤于练习;在此鼓励师范生在明白了基本的要求后,依据自己的需要创新训练方式,这里依照的是对教师共性的要求,将来走上讲台面对不同的班级还会有更多具体的要求。

第一节 教学基本功训练

教学的基本功主要包括口头语言表达、体态语言表达、板书技能,它们是师范生成长为一名教师必备的基本职业素养和能力。在教学实践活动中,为提升教学质量,提升学生学习的兴趣和积极性,要求教师具备扎实的教学基本功。本节将从教学基本功的具体要求入手说明教学基本功训练和提升的技巧。

一、口头语言训练

口头语言的技术和内容联系紧密,没有一个好的内容,就难以达到口头语言技术的基本要求。思维能力决定语言表达能力,这要求师范生在练习口头语言技术的时候,一定不能忽视口头语言内容本身。

(一)口头语言技术要求

1.口头语言内容的基本要求

(1)准确无误。口误,从根本来说就是思维的速度没有跟上舌头的速度。这需要教师放慢说话的速度,并训练提升逻辑思维能力。思维的不清晰源自理论的不精,以及思维的发散性太强。如果讲了自己并没有准备到的知识,而且在发散的时候不注意逻辑性,也容易引起口误。因此,教师需要提升逻辑思维能力,并准备丰富而又有深度的理论知识和材料,还要掌控自己的思维,避免过度发散。

(2)逻辑性强。严密的逻辑在知识学习的过程中能够帮助学生更轻松地把握老师讲解的重点,并且引导学生养成严密的逻辑思维习惯。这要求教师在备课的时候注意知识点之间的逻辑关系,并在板书中体现出知识点背后的逻辑关系;还要求教师注意控制课堂中发散的内容,拓展性的内容需要紧紧围绕本课的逻辑主线,其所占时间、所起作用一定是辅助性的。教师对自己思维能力的掌控与掌握课堂的能力紧密相连。

(3)通俗易懂。课堂不是教师一个人的独角戏,需要师生的双向互动,这需要建立在学生能够及时理解课堂内容,跟上教师思维的基础之上。首先,需要教师明白学生掌握知识的效率才是对课堂质量最大的肯定,而不仅是教师在课堂上个人的学识展现。其次,需要教师自身能够吃透理论,将理论与生活相结合。照本宣科,甚至将简单的知识复杂化,永远都只是构筑知识的壁垒。教师要以学生为中心,才能做到心中有数,言之有物。

(4)干净简洁(无口头禅)。这需要教师不断地训练自己,特别是训练思维的速度。例如:"这个……这个""哈哈……""就是说……"等词汇高频出现,重复次数甚至超过了本堂课的重点概念,这就说明思维的速度太慢,没有及时组织好自己要表达的内容,或者是不熟悉教学内容。教师可以通过多次梳理教学逻辑,进行多次试讲,做到教学内容烂熟于心,使得语言干净简洁。需要注意的是,教师即使在讲课中(包括试讲)发现了自己口头禅不断,也切忌再用手势、表情掩盖来纠错,这样会损害教师沉着自信的形象。

(5)幽默风趣。这四个字可以理解为"幽默""有个人风格""有趣",课堂上教师只要具备其中任何一项特点就足以吸引学生。每一项特点都需要大量的个人修养和个人知识能力的积累。教师可以以此为参考,找准目标,不断丰富自己,完善课堂。

2.口头语言技术的基本要求

好的口头语言技术就像一把好刀,再优秀的厨师,如果没有一把好刀都难以切中肯綮,游刃有余,而合格的口头语言技术需要教师进行勤奋练习。口头语言技术的灵活运用,能够帮助教师准确传达自己的情感,更能够吸引学生的注意力。口头语言技术的基本要求主要表现在以下六个方面:

(1)普通话标准。一口标准流利的普通话能够让学生更容易进入到上课的状态,调动学生思维的积极性。虽然方言会让学生觉得亲切,但是方言不是学生日常思考时常用的语言。标准普通话的使用既是在引导调整学生上课所需要的思维模式,也是在培养学生以普通话为主的思维习惯,帮助学生在今后的学习中减少阅读、思考、表达的障碍。

(2)嗓音洪亮。新教师上课经常会出现嗓音不够洪亮,穿透性不强。这样会显得教师不够自信,以至于缺乏说服性。这要求教师学会科学合理地用嗓、护嗓。

(3)语速适中。新教师上课容易语速过快,一堂课很容易提前结束。教师语速过快,学生也有可能难以跟上教师的速度,出现无法理解教学内容的情况。语速过快有可能是新教师上课时紧张引起的,这需要教师积累经验,多试讲,多练习。如果是教师本身的说话习惯,那就需要从日常生活中调整自己的说话习惯,放慢语速,并邀请身边的朋友提醒自己,逐步改变这种说话过快的习惯。

(4)语调多变。新教师上课还容易缺乏节奏感和情感,说话平铺直叙。这会使得课堂呆板,学生注意力不集中,难以抓到学习的重点。教师需要用适当的重复和语音的变化来强调学习的重点或吸引学生,让学生紧跟教师的思维。

(5)节奏感强。课堂的节奏感是调整学生课堂精神状态的法宝,高潮迭起、富有层次感的课堂能够最大程度地吸引学生的注意力。这要求教师富有情感地上课,反复思考教学环节的设置,运用语音语调的变化和环节设置,渲染课堂的氛围,调动学生的情绪。

(6)语流清晰。语流清晰关系到学生是否可以快速正确地理解知识,并及时给教师做出回应。如果教师语无伦次,反复而不得要领,说明教师逻辑思维没有理清,语言思路混乱,缺乏条理,或者常用语积累不够。这要求教师反复熟悉教学内容,对教学思路烂熟于心,并注意积累教学常用语言。

(二)口头语言的训练技巧

1.录音训练法

录音训练法主要是针对普通话是否标准,声音是否洪亮,语速、语调以及语流是否清晰的训练方法。在训练中,注意不要一味追求读了多少材料,而要注意朗读每篇文章时是否都做到了保持声音洪亮,语音语调的控制能否彰显自己的情感态度。反复练习可以让整个过程更加自然流畅。

2.绕口令训练法

绕口令训练法主要用于解决普通话不标准的问题。同一个绕口令的训练需要达到最快、最大声、准确这三个标准,可以结合录音法,反复听自己的录音,记录自己一直读错的地方,有针对性地逐步改进。

3.结对子训练法

这一训练法几乎可以全方面地练习口头语言的技巧,特别是对表达的逻辑性和准确性有着很好的训练效果。最好的练习材料是新闻中的时事评论,一开始可以是记背别人写好的材料,学习别人的论述逻辑;熟悉之后可以自己写作评论文章;再之后,两人可以即兴地评论新闻,以强化各自的逻辑思维能力,提高自己的反应能力。

二、体态语言训练

教师的体态语言包括身体的姿态动作、面部表情以及仪表穿着。良好的教学体态语言可以帮助课堂教学更加完美或者出神入化,达到引人入胜的效果。但这并不是天生的,需要教师进行长期、艰苦的训练。

(一)体态语言的基本要求

1.姿态动作形象得体,以服务教学为目的

教师的姿态语言在教师的体态语言中占据重要地位,教师的一举一动都属于姿态语言,它包括教师的走动、站立、手势。所以,姿态语言技术的基本要求及训练,应着力在站姿、走动、手势的训练上。

第一,站姿要挺、稳。在整个教学过程中,教师都应该保持正确的站姿,即使在与学生课下交流的时候也要注意自己的站姿,不能东倒西歪,弯腰驼背,这样有损教师的形象。站姿的训练可以通过挺胸收腹训练,身正、头平抬、脚站稳,挺胸收腹,臀部、后背收紧,双手自然下垂;还可以依靠墙面来辅助自己练习,站立15分钟为一组,每天3组,可以分不同的时段练习。

第二,走动要动静结合,走近学生,保持距离。上课前教师从门口走上讲台需要从容镇定,但新教师容易紧张,走路不自然,缩手缩脚。在教学过程中,教师要注意走动。教师必须学会走动,甚至需要走下讲台和学生进行近距离的沟通,观察学生的反馈。课堂上适当走动,能够活跃课堂气氛,拉近教师和学生的距离,但走动时需要注意:在走动的过程中要注意控制走动的频率,且要稳重沉着,不能分散学生的注意力;在与学生交流的过程中要注意保持距离,走动范围符合学生的心理预期;教师的走动范围要注意均衡而有重点。具体来说,"缓步行走",按每两秒钟一步的速度稳步走路,头平抬,自然放松。"走上讲台",训练时可以从教室侧门进来,站定,说"同学们好,今天我们继续学习×××",再走下讲台,想象向某位同学询问一件事,并交谈两句,然后继续讲课。"边走边讲",这需要教师先思考好要讲授的内容,然后根据内容的特点和节奏语气等,时走时停,自然大方。

第三,手势比其他姿态传递的信息更加直观有效,所传达的情感也更加丰富。教师在课堂中要恰当地使用双手传递情感,传达教学指令,实现教学手段多样化,使教学内容更加丰富。手势操作需明确手势的具体含义。手势活动区一般分为三区:"上区"是肩部以上,多表示号召、赞扬、激动等奔放激烈的思想情感;"中区"是腰部以上至肩,多表示情感色彩不浓的一般事实陈述、知识概念讲解或平静的谈话;"下区"是腰部以下,多表示否定、蔑视、憎恶或者做决断等意思。

手势的基本要求是手口配合、幅度适中、频率适中。使用手势的目的在于为与学生沟通交流时提供辅助,因此要注意手势与语言的配合。手势是为教学服务的,在教学过程中手势不宜太多、过碎,要保持教师仪表的从容、淡定,切忌矫揉造作、装模作样,一定要是情感的自然流露。

2.面部表情丰富生动,以增强感染力为宗旨

第一,眼神交流的基本要求:直面学生、点面结合。训练眼神的方法有:

方法一:视角训练。感受下面6种眼神蕴含的情感、态度、价值观念,在模仿中体验每种眼神的意义,并运用到实践之中。环视:视线从左向右,从右向左做100°扫描,想象自己正面对讲台下全班学生。正视:视线朝向正前方,想象自己正集中讲解一个关键概念。斜视:视线从眼角放射出去,想象自己正在监看某学生的行为。仰视:视线从眼睛水平线上方45°以内看出去,不能高于45°,想象自己正在讲一个伟人的事迹或赞美某种事物。俯视:视线从眼睛水平线下45°以内看出去,不能高于45°,想象自己正在念一首悲伤的诗,或正在听一位坐着的学生回答问题。点视:视线高度集中于一点上,想象自己正看着一位同学,暗示他起来发言。

方法二：演员眼神体验。观看电影中角色运用眼神的镜头，从其视角和视线长短、软硬的变化中，推测、体验其内心思想情感变化的过程及含义。

方法三：模仿优秀教师眼神。聆听优秀教师讲课或观看教学录像带，体验和评说教师眼神的意义及其对听课者的心理影响。

第二，笑容的基本要求：轻松、亲和、微笑。训练方法有：

方法一：观摩教学视频，看教学视频中教师的微笑，试述其特点和理由。

方法二：想象自己作为老师第一次与学生见面，用微笑并配合姿态、眼神等向全班同学做自我介绍。如果能够找到朋友一起结伴练习，相互点评会事半功倍。

3.仪表形象简单大方，以符合教师职业要求为准则

发型及服饰要符合职业规范，在能够体现教师个性的前提之下，不能过于夸张以分散学生的注意力，整体来说应大方得体。

教学服饰，即教师在课堂上的服装配饰。职业规范要求教师服饰在款式上不过度暴露，不过于透明或过紧，在色彩上不过于艳丽。个性化要求是在职业规范基础上注意服装颜色、质地的搭配，彰显教师的文化内涵和品位，起到引导学生审美倾向的作用。女性教师可以通过穿高跟鞋上课，提升自己的气质，增强自信，提升自己的说服力。

教学发型及教学化妆，职业规范要求教师发型和妆容样式大方，端庄雅致。个性化的要求是指在规范基础上依据教师自身的特点，选择的发型、妆容能够体现教师自我特点和文化品位。

(二)体态语言的训练技巧

体态语言的训练方法有镜子训练法、录像训练法以及结对子训练法。镜子训练法可利用穿衣镜，对着镜子中的自己练习，这样有利于快速观察自己的不足并做出调整。录像训练法可以利用手机等电子设备录制后反复观看，发现自己的不足，这便于在今后的训练之中不断提升自己，并能够记录下自己成长进步的过程。结对子训练法可以模拟教学场景，更利于"实战"中心理素质的培养。

关于教学体态语言的基本要求和训练技巧，本章节仅仅提供了一个参考方式，这些都是为还没有教学经验的实习教师准备的，需要反复练习。每一位走上讲台的教师都像一个演员一样，用一切的教学手段吸引学生，目的就是为了完成本堂课的教学目标，让学生受益。当教师足够热爱讲台，并且充分积极地备课，在积累了一定的经验之后就能够开始享受讲台，不再想着以上的各种规定，当你走上讲台就会感到与教师的角色合一，这时你的一举一动就是一位优秀教师的真实写照。

三、板书技能训练

(一)板书技能的基本要求

1.板书书法基本要求

第一，规范。教师板书规范便于学生掌握教学内容的逻辑，并且便于学生记笔记。

第二，字大。为了让最后一排的学生能够看清板书，教师必须考虑板书字体的大小。

第三，字重，为了教室里不同位置的学生不受黑板反光的影响，容易看清板书内容，教师板书时，字迹要写重一些。

第四，字好而且排版整齐。板书清晰美观，让人赏心悦目。

2.板书设计基本要求

第一，教学板书要具有概括性和针对性。板书是教师讲解的精华，既要全面又要有重点。这表现在以下两个方面：一是对教学内容的忠实；二是板书文字的精练和准确。板书要使复杂的知识内容简化，突出重点、难点，抓住关键，并且能够启发学生的积极思考，给学生留下思考和想象的余地，充分调动学生思考的积极性。学生在课后翻看笔记时能够提纲挈领地回忆起整堂课的内容，还能够起到促进学生逻辑思维能力发展的作用。

第二，教学板书要做到逻辑性强。逻辑性是板书的内在生命力。具有逻辑性的知识体系便于学生记忆和运用。一个好的板书需要精心的设计，但这并不是说教学板书在设计好后就是一成不变的，好的教学板书也是灵活的。在真实的课堂上教学板书要根据具体情况的变化发生相应的变化。教师应根据教学的真实情境，顺应学生思维发展水平，灵活地运用课前已经设计好的板书，或修改原板书，或附加辅板书。

第三，教学板书要做到结构性强。结构性强的板书，可以让学生一目了然，快速复习上课内容，并给学生本堂课完整的知识逻辑框架，这是学生通过听课难以搭建的宏观整体视角。这样的板书是教材的解剖图、学习的思路图，能弥补言语讲授的不足。

板书的结构类型大概分为两种，文字表述型和图形解析型。

①文字表述型主要有纲领式、问答式、表格式等。

纲领式板书是将教学内容提炼为不同层次的论点，构成提纲挈领的教学纲要，并用陈述句表述的板书。问答式板书是将教学内容提炼为教学要点，大要点以疑问句表达，并将答案附在后面；小要点则一般以陈述句表达，是一种有问有答的板书。表格式板书是将教学内容中可以对比的项目用表格呈现内容的板书。

②图形解析型主要有综合图解式、思维导图等。

综合图解式板书是将教学内容中重点部分的多种辩证的、相互转化的关系通过图示呈现出来。思维导图板书是将教材内容的知识点所反映的关系，用线条、网络图呈现出来，体现知识点之间的关系，或者用于解释说明事物本身的一个发展变化的过程。

第四，序号的准确是逻辑性和结构性的直观体现，也是教师严谨治学态度的彰显。序号出现错误一般有两种情况：一是本身在备课时序号就写错了，但是教师没有察觉出来；二是在讲课过程中，副板书的序号出现错误。但其根本原因都在于教师思维不够集中或者逻辑归纳能力不足。序号错误看似小毛病，却会影响学生对老师的评价和认可，甚至会影响学生对知识的掌握程度和严谨学习态度的养成。

第五，板书设计要简洁清爽且主次分明。这样的板书能给人以视觉的冲击，留下深刻印象。"一板清"是指板书的直观性，板书上的文字、符号、图表等能让学生一眼能懂。简洁的教学板书可以将教学内容转化为直观的言语符号，文字越简单抽象，蕴含的内容越丰富，越能刺激学生的视觉和大脑，有助于学生吸收和掌握知识信息，减轻学生理解和记忆的负担。

第六，版面设计注意艺术性。版面设计不仅要做到内容完善，言语精练优美，而且要注意艺术性,做到构图的造型美和字体的俊秀美。板书的文字或图画都不可龙飞凤舞、敷衍了事。彩色粉笔的搭配也要恰当,形成一种色彩的和谐美。此外,板书设计不要过满,要给学生留下自己发挥、填补空白的空间,激发学生的学习积极性。

这样的板书,既可以使学生做好笔记,又可以使学生听好课,不但能提高学生的注意力,还能增强学生的记忆力,在教学过程中可以起到形象传神、激发兴趣的作用,增强课堂教学信息的可接受性,还能给学生以审美感受。

板书案例:

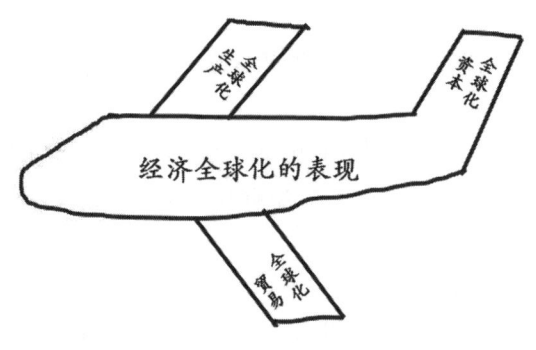

"经济全球化的表现"教学板书设计

（飞机造型板书图：机身"经济全球化的表现"，机翼分别标注"金融全球化"、"资本全球化"、"贸易全球化"）

3.板书运行要求

板书运行的要求主要是强调板书运行时机的要求,板书的运行时机是指教师如何把板书一部分一部分地呈现到黑板上直至完整呈现出全貌。其要领是顺序合理、时机恰当、配合协调。板书言语运行的所有操作行为要与口头言语、体态言语相互呼应,边说边写边比画,浑然一体,形成一个传达交流教学信息的立体渠道。

第一,板书的运行速度需要又快又好。快速而工整的板书便于学生抄写笔记,而且也只有这样才能够不打断课堂的节奏,保持课堂的连续性。如果教师板书书写时间过长,学生容易分心走神。

第二,板书运行需要与口头语言相配合。一般而言,其运行时机是口头教学语言谈到要点时,即写出相应的板书内容,全课结束后,板书的全貌便呈现在学生面前。因为板书能够起到强调知识点的作用,帮助学生结合听觉和视觉来理解知识点,给学生留下深刻的印象,这也就意味着板书出现的顺序要合理,板书的先后次序要符合教学内容逻辑和思维逻辑。

第三,板书独立于课件之外,且与课件呼应。这就意味着板书要与课件相辅相成,内容不能高度重合,同时,板书内容也不能与课件内容出入太大,缺乏关联性,这样会造成课堂主线不明、逻辑混乱,影响学生对知识的理解和重点的把握。

(二)板书技能的训练技巧

教学板书操作是指把设计好的板书写到黑板上,这里的"写"涉及两个方面的问题,即

"怎样写"和"何时写"。"怎样写"要解决的是板书的书法问题和板书设计的排版问题，"何时写"是指运行时机的问题。在练习板书技能的时候，结伴练习是提高练习效率的有效方法。朋友在一起相互督促，分享经验，可以让双方进步得更快，练习的过程也更快乐。

1.板书书法训练

教师要写出一手字体俊秀、造型优美的粉笔字，就要清楚板书的书写要领和书写步骤，从字体、运行速度和姿态等方面加以训练。

首先，要注意板书书写的要领。粉笔字的书写工具粉笔，与毛笔、钢笔不同，它没有笔锋（笔尖），运行起来不方便。因此，在用粉笔书写的时候要注意以下几个方面。

执笔：粉笔的执笔是指实掌虚，五指齐力，下笔时斜度应保持在45°左右，书写时粉笔的末端基本上对准掌心。

运笔：包括指运、腕运、臂运。注意这些书法技巧，书写时就可以避免直横拖笔和字迹呆板的现象。

用笔：主要是指点画的书写法则。我国的书法艺术已有一整套成熟的书写法则，如：逆入平出、藏头护尾、无垂不缩、无往不收、中锋用笔等，这些法则也可以作为粉笔字书写的参考。

结构：必须合理、匀称、规范。

笔顺：教师书写粉笔字无异于为学生作示范，因此笔顺同样不能忽视。书写时如果笔顺错误，就会影响学生的正确书写。

字体：对于不同的学生对象，书写的字体也不尽相同。对于小学低中年级的学生，教学时应写楷书，做到准确、美观。对于小学高年级和初中学生，教学时可写行楷。对于高中以上的学生，教学时则以行书为主。字的大小，应使坐在教室最后一排的学生也能看得清楚为度。同时，汉字是方块字，讲究间架结构、气势神韵，教师写粉笔字时要注意每个字重心的平衡、统一、对称、协调和呼应等因素。

其次，要注意板书的训练技巧。建议选一本字帖，每天坚持采用立式书法写一定数量的粉笔字，训练时兼顾上下结构、左右结构、里外结构的字，持之以恒。大量、持续的训练是写出一手好字的必经之路。

2.板书设计训练

板书的设计训练，总的要求是版面横平竖直、大小均匀。可选一篇短文章，先横后竖抄在黑板上。横向上，可先在黑板上写一个粉笔字，然后间隔一个字的距离再写一个字，如此类推，尽可能保持字体大小一致，并处在一条水平线上。纵向也依此书写。另外，关于线条等，也需要教师进行训练，脱手在黑板上画横线、竖线，以及各种简单图形。版面的训练也要像字体的训练一样，持之以恒地练习。板书设计，主要是确定板书的内容和结构形式。在内容选择方面，抓关键词，把握好知识点之间的逻辑连接是最为关键的。通过关键词句，学生对有关教学内容的重点、难点能快速理解并留下深刻、清晰的印象。

3.板书运行训练

板书运行强调时机，因此，运行板书的速度和姿态非常重要。在速度方面，可进行限时书写训练。选择一段文字,计时抄写在黑板上,逐步缩短书写时间。避免笔下迟疑、停顿或拼凑笔画,同时,必须注意板书文体和版面的要求。握笔手势中空,下笔得力优雅、轻重得当。优雅的书写姿势和优美的板书能够在学生心里留下良好的印象,受到学生的尊重。在姿态训练方面,要进行多种可能姿态的练习,例如:在黑板的中间部分书写、伸手踮脚往黑板较高处书写或弯腰屈膝在黑板底部书写。写完一组文字后,沉着自然地用黑板擦擦去。要避免动作过粗或不由自主地摇晃。

第二节　教学设计训练

教学设计是运用一定的教学原则和系统方法分析教学问题和确定教学目标，设计教学策略和方案。教学设计把教学理论与学习理论在设计实践中联系了起来，把教与学的理论与教学实践活动联系了起来。教案设计由学习需要分析、学习内容分析、学生特征分析、学习目标阐明、教学策略制订(含教学媒体的选择和运用)和教学设计成果的评价几大部分组成。其中，学生、目标、策略和评价构成了教学设计的四大基本要素。一份好的教学设计既可以看出教师课堂教学能力，也可以看出教师教育教学的理论功底。

一、教学设计的基本要求

教案在教学过程中的作用主要有四点：一是每次教学的基本计划，明确本次教学的目标及教育资源的使用计划；二是教学活动的依据，教学活动必须基于教学准备有序有效地实施；三是教学研究的成果，教案是教材、学生、教学方法相结合的研究成果；四是教学实施的蓝图，教学过程中教案是参照系，可以提示教学内容、重点、难点、目标、思路，帮助教师有效完成每一次教学。所以，教师写好教案应做到以下几个方面：

第一，项目填写要齐全、教学环节要完备。教案项目包括题目、任课班级、授课时间、教材分析、学情分析、教学目标、教学重点、教学难点、教具等，一般都有固定表格，填写要规范，如有变动必须注明。

第二，重点、难点要突出。重点、难点和教学目标不能仅停留在单项设计中，必须在教学实践过程中予以体现。教学内容的组织必须紧紧围绕这一课的重点、难点和目标展开，对重点给予重视，对难点分析明白，这一切都在于为实现这一课的具体教学目标服务，而这一具体目标是一门课程总目标的一个子目标，因而要做到每一课教案和全部课程目标在体系上的有机统一。

第三，教学材料处理要灵活。教案不能写成教材的缩写和教材的提纲，也不能完全脱离教材自搞一套。因为教材是死的，教学是鲜活的。教材只是提供了教学参考材料，不能代替全部教学，更不能代替教师备课和教学中的创造性劳动。所以，教案中对教学材料的处理要紧紧围绕教学目标形成有机整体，一要完整，二要逻辑严密，三要通过创新形成特色。

第四，案例中的教学材料要绝对"新鲜"。经济全球化和信息化发展使世界变小了，市场变大了，技术更新更快了。即使最新出版的教材，由于其组稿、编辑、出版、发行等环节的时滞，有些内容很快会落后于经济社会发展与技术应用的实践。所以，案例中选用的材料要不断更新。

第五，板书设计要力求创新。教师的教学活动是极富个性和创造性的，其个性特征最突出地体现在每次课的板书设计中。

第六,教案要不断充实完善。教案撰写不是一次性劳动,初稿完成后,需要不断充实完善。

除了上面的具体要求以外,好的教案设计还应该达到以下几个方面的要求。

第一,符合科学性。所谓符合科学性,是指教师要认真贯彻课程标准精神,按教材的内在规律,结合学生实际来确定教学目标、重点、难点,设计教学过程,避免出现知识性错误,那种远离课程标准、脱离教材完整性和系统性而随心所欲另搞一套的编写教案的做法是绝对不允许的。

第二,加强创新性。教材是死的,不能随意更改,课怎么上全凭教师的智慧和才干,教师要在钻研教材的基础上,广泛涉猎多种教学参考资料,向有经验的老教师请教。同时,不能照搬照抄别人的经验,对别人的经验要在思考的基础上消化、吸收,结合个人的体会,巧妙构思,精心安排,突出水平和个性。

第三,注意差异性。由于每位教师的知识、经验、特长、个性是千差万别的,而教学工作又是一项创造性工作,因此,编写教案也就不可能有千人一面的固定模式。为了发挥每位教师的聪明才智和创造力,在保证教案的基本常规不遗漏外,具体的写法不宜过多干预,要因人而异,形式多样。

第四,讲究艺术性。所谓教案的艺术性就是构思巧妙,能让学生在课堂上不仅学到知识,而且得到艺术的欣赏和快乐的体验。尤其是要设计好开头、结尾,首位呼应;要层层递进、扣人心弦,达到立体效果;教师的说、谈、问、讲等课堂语言都要经过设计,字斟句酌,该说的一个字不少说,不该说的一个字也不多说,该什么时候说,用什么语调说等都应经过精心安排。

第五,强调操作性。教案是教师上课的一种方案,是施工的一种"图纸",它贵在实用,能操作。有的教师写的教案烦琐,上课时还得时不时地看教案。如果基本观点都阐述不清楚,更谈不上旁征博引,开发学生智力了。因此,写教案一定要从实际需要出发,要充分考虑教案的可行性和操作性,该简则简,该繁则繁。好的教案文字很简练,但从中却能看出教师理解教材挖掘教材有相当的深度,教学思路十分清晰,能力训练层次分明,文字简明扼要,有提示性。

第六,考虑变化性。在实际教学中常常出现教案没有预见的情况,遇到这种情况,教师不能死抠教案而打击学生思维的积极性,要根据实际情况改变原先的教学计划和方法,满腔热忱地去启发学生的思维动机,针对疑点积极引导并找到解决方案。

二、教学设计的基本步骤与技巧

师范生要多次完整书写教案,并反复修改,才能够较快地熟悉教学过程,积累教学经验,更快地成长为一名合格的教师。因此,严格地按照教案书写的要求进行思考、写作非常重要。同样,一份好的教案也是不断修改而成的,好的教案是上好一堂课的基础。

(一)教学设计的内容

教学设计的内容涉及以下几个方面,详细内容及要求见表3-1。

表 3-1　教案样表

课题 (章节名称)	(说明本课名称)			
授课年级	课时	(说明属第几课时)	学期	
预计课时数			课型	(说明是新授课,还是复习课等)
教材分析	(含教材地位与作用、教学内容、教学重难点。教学重点:说明本课所必须解决的关键问题并说明确立依据。教学难点:说明学习本课时易产生困难和障碍的知识点并说明确立依据)			
学情分析				
教学目标	(可从学生的知识基础、思维特点、情感态度、价值观等方面进行分析)			
教学方法				
教学工具				
教学过程	(说明教学进行的过程、内容、方法、步骤)			
教学板书	(说明上课时准备写在黑板上的内容)			
作业设计	(说明如何布置书面或口头作业)			
教学反思	(课后撰写)			

(二)教学设计的步骤及技巧

教学设计总的来讲应该按以下三个步骤来进行:一是课前系统部分;二是课堂系统部分即教学过程;三是课后系统部分即教学后记。其中,课前系统部分是教学设计的基础,课堂系统部分是教学设计的核心,课后系统部分既是课后反思与总结,也是下一堂课的基础。

1.课前系统部分

首先,注意课标分析、教材分析、学情分析。"课标分析",可以参考课程标准对相关教学内容的要求;"教材分析"是分析教材内容分别在整个课程标准、每本教材和每个模块中的地位和作用;"学情分析",注意从以下三个方面分析学生已有的知识水平和能力状况,即分析学生存在的学习问题、学生的学习需要和学生的学习行为。

其次,明确教学目标与教学重难点。教学目标,即确定知识与技能、过程与方法、情感态度与价值观以及学科核心素养,并与不同的学科相结合提出具体的教学目标。教学重点应是每堂课中所占比重最大、花费时间精力最多来讲解的知识;教学难点是学生学起来困难的知识,但教学难点的突破并不一定需要花费太多的时间,相反越能用最少的时间突破教学难点越好,表明教学效率越高。

最后,确定教学方法和教学工具。教学方法包括课堂教学所要遵循的理念以及所要采用的方法。教学工具主要指教学环境和工具的设计与准备。

2. 课堂系统部分——教学过程

(1)课前探究:设计出引导学生进行课前准备和探究的问题及方案要求。

(2)新课导入:设计出每节新课的教学导语及导入方案,要着力于起到"凝神、起兴、点题"的作用。

(3)教学新课:明确每节新课的教学结构非常重要,能够帮助教师在备课和上课阶段紧扣教学目标。注意写出具体的教学步骤以及相应的意图。在教学结构设计中要注意下列6个方面:突出学生的主体地位;从学生的问题出发营造教学情境,设计教学问题并引导学生探究、解决问题;设计出在任务型教学指导下的师生互动方式;争取准备两三种针对不同学生群体的教学安排;对教材内容做适当的处理,发掘出教材内容之间的内在逻辑联系及育人作用;课堂教学要减少统一讲解,增加学生的自主探究和分组活动。

(4)课堂总结:①设计出针对教材知识内容的系统的复习巩固的问题及方案。②设计出发散、扩展、升华学生思维的问题及复习巩固方案。

(5)课后作业:除设计基础知识的复习巩固练习外,还要注意知识的拓展性以及考查学生的运用能力。

3. 课后系统部分——教学反思

首先,客观评价自己每节课的教学设计的实施结果。

其次,要注意对每节课的教学设计进行及时的修改、补充、完善。

最后,要及时地记录自己的教学感想、心得、体会,这对于新老师来说是非常宝贵的经验。

第三节 课件制作训练

随着互联网技术的不断发展,现代课堂也越来越多地借助信息技术来进行授课。相比于传统课堂,采用现代网络技术制作的课件在激发学生兴趣、增加课堂信息容量、优化学生学习过程、及时反馈教学效果等方面有着无可比拟的优势。因此,掌握课件的制作技能已成为一位合格老师的必备技能。

一、课件制作的基本要求

要设计一个好的课件,需要对课件制作的基本要求有一定了解。一般来讲,课件制作要求美观实用和条理清晰。具体来讲,主要包括以下要求。

(一)模板恰当

一般来讲,除了黑色和白色外,最多搭配 3 种颜色。建议每个课件准备两种色彩搭配,以适应不同的环境光线。第一种蓝底白字,适合在环境光线比较强的情况下使用,这种色彩搭配既能让学生看清文字,又不易产生视觉疲劳。第二种白底黑字,适合在环境光线较暗的情况下使用。总的来说,母版配色的时候不宜超过四种。如果配色超过四种,可以用无彩色调和,即用白色、黑色、灰色来调和。

(二)文字格式规范

1.PPT 字体选择:汉字一般用黑体,且不能加粗,英文要用 Arial、Arial Narrow、Black、Tahoma 等字体,黑体和 Sam serif 字体看起来比较硬朗、果断,适合商务。最好使用一两种字体,如觉得不够,可调整字体大小、格式。

2.字体大小及颜色:标题字体大小适宜选用 36～44 号字,正文字体适宜选用 22～36 号字。正文中避免出现 3 种及以上的字体。

3.字体格式:正文中并列关系字体应该保持大小一致;同一层次的内容要对齐;避免行距过小,建议一页 6 行字,每行 13 字。

(三)内容正确

内容正确是指 PPT 所展示出来的内容没有错误,包括知识性的错误、逻辑错误、语言文字错误等。因为 PPT 展示出来的内容都是教师深入研究教材之后归纳出来的知识点的浓缩,因此要求教师在制作时注意展示内容的正确性。

(四)结构性强

PPT 的容量一般为 10～25 页,呈现的课堂信息量很丰富。但随之而来的一个问题是,如果没有清晰的层次结构,巨大的信息量会让学生晕头转向,课堂笔记记录起来也会很困难。要做到结构清晰,首先,课件中的文字要精练,教材上的大段文字阐述不必在课件中重复出现,即使要出现,也尽量浓缩,以浅显、精练的文字归纳出要点。其次,在课件中可多次重复目录页,每讲完一个大问题,都重复播放目录页,使走神的学生也能追上教学的思路;最后,整个课程的项目符号和编号要统一,并尽量与教材保持一致,以方便学生做笔记。

(五)逻辑性强

PPT整体内容的设计要有清晰、简明的逻辑主线,可根据讲课内容采用"递进式"或者"并列式"两类逻辑关系组织教学内容。整套PPT的格式应该一致,包括颜色、字体、背景等要清晰地表达教学内容的层次性,通过PPT每页不同层级的"标题",包括字体逐渐变小、逐层缩进,同级的字体大小、颜色一致,让学生对整个PPT的逻辑关系一目了然,但最好不要超过三层纵深。

(六)重点突出

PPT的制作也要注意突出重点,这里的突出重点是指整个PPT的内容,一是教学重难点的内容应该要适当地超过其他的内容;二是要把教学过程中的一些关键字词凸显出来,如通过加底线、改变字体颜色、改变字体大小等各种表现方式突出关键字词。课件的制作可以采用"先加后减"的原则,先用"加法"把平时搜集的和教学内容相关的素材放到PPT中,然后做"减法",把重复的和相关性不大的素材剔除。

(七)生动形象

PPT的优势就在于它能够通过音频、视频等把比较直观真实的教育内容直接作用于教学对象,极大地激发教学对象的兴趣。所以,在制作课件的时候应该注意到对素材的选择和加工要做到符合教学内容。同时,所选素材要尽量符合教学对象的兴趣爱好、认知习惯和生活常识,从而激发其学习兴趣。

(八)运行方便

PPT的效果要通过演示才能展现出来,所以对它的操作应该做到尽量简单、方便。具体来说,应该做到在放映的过程中不出现顺序的混乱且音频、视频不能够播放等情况,过渡时应该简洁明快。

(九)整体美观

所谓整体美观,是指所有的PPT页面基本保持一致,即页面背景色调基本一致,页面内容与空白比例基本一致等。

二、课件制作的主要步骤

课件的制作有一套基本的制作流程。完整的课件制作流程包括准备阶段和合成制作阶段。

(一)课件制作的准备阶段

PPT课件制作准备阶段的主要流程包括脚本的编写和素材的收集。

1.脚本的编写主要涉及文字脚本和制作脚本。文字脚本主要是教师教案和文字稿本。这里强调教案是因为课件在制作过程中,教案是最基础的依据。文字脚本包括教学目标,教学重点、难点,教学方法和教学内容,还包括教师实施教学的环节和结构的设计。

2.多媒体的制作离不开素材的收集,需要一些好的素材。素材的来源主要包括三个方面:一是自己制作的素材,教师可以制作一些最常见的教学素材。二是从网络上收集的素材,这就要求教师平时要有意识地注意有关教学素材的收集整理。三是从各种已有的存储设备上收集的素材。

3.选择制作软件进行制作。目前最常见的制作PPT的软件就是PowerPoint,PowerPoint是一种操作简单、易学易用的软件。PowerPoint是以菜单窗口提示,结构简单,以页为单位的演示文稿,只要将制作好的页面收集起来,就可以形成一个完整的PPT课件。

(二)课件制作的合成制作阶段

课件制作的最后一个流程便是合成制作阶段,也就是将准备好的文字脚本、图片、视频、声音等资料根据教学设计的思路、环节和结构,分别将制作好的各个板块或者页面,通过交互、链接,最后整合成一个完整的教学课件。具体操作步骤如下。

以高中《思想政治2 经济生活》中"揭开货币的神秘面纱"一节课为例,介绍利用PowerPoint进行教学课件制作的基本步骤。

第一步,打开PowerPoint(2007版本),在"开始"菜单栏中找到"新建幻灯片"选项,点击就会出现以下界面。

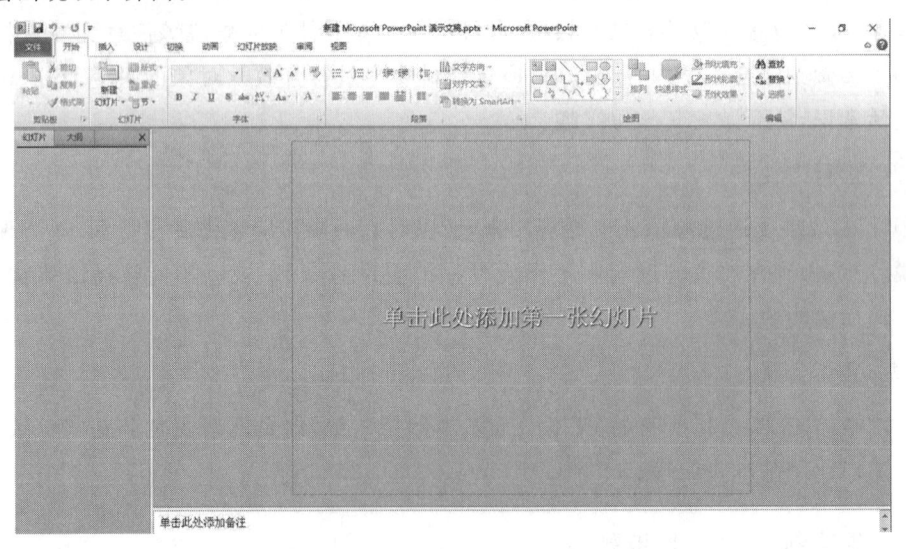

图3-1 空演示文稿界面

第二步,选择创建好的幻灯片,为标题幻灯片选择所需要的版式。在"开始"菜单栏选项中有"版式"选项,点击就会出现许多版式,根据自己需要进行选择,也可以自己设计。

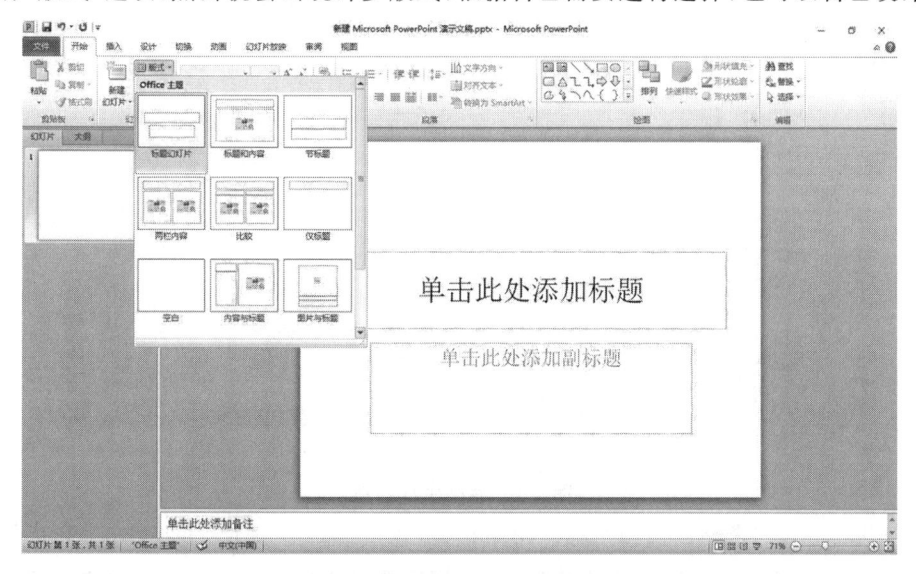

图 3-2　选择幻灯片版式界面

第三步,在选择好的版式上输入标题,添加内容。完成本页 PPT 的制作后,可以选择"开始"菜单栏的"新建幻灯片"选项添加新的制作页面,添加新的内容。依此重复以上步骤,按需设计演示文稿。

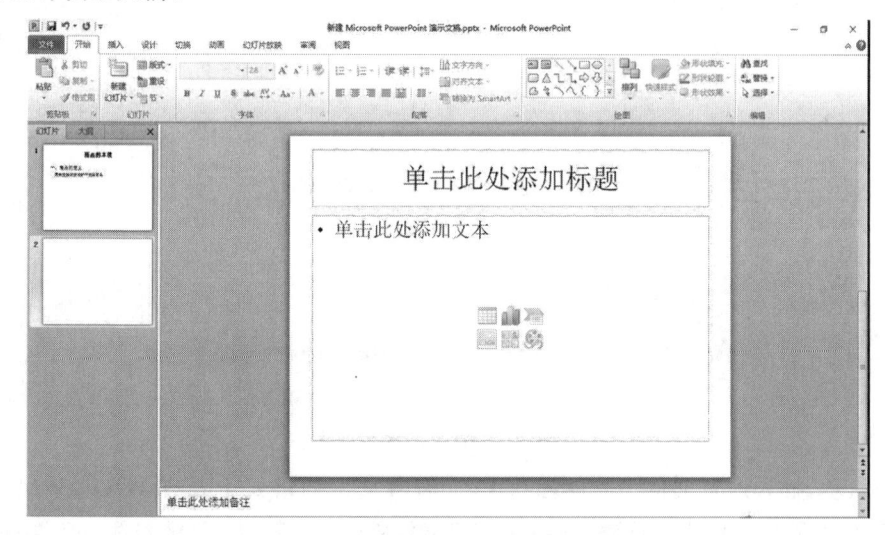

图 3-3　输入文字幻灯片界面

第四步,图片的插入。为了吸引学生的注意力,制作 PPT 时需要插入一些同教学内容有关的图片。单击"插入"菜单栏,点击"图片"选项,选择所需图片的位置,选择所需要图片插入,点击确定。

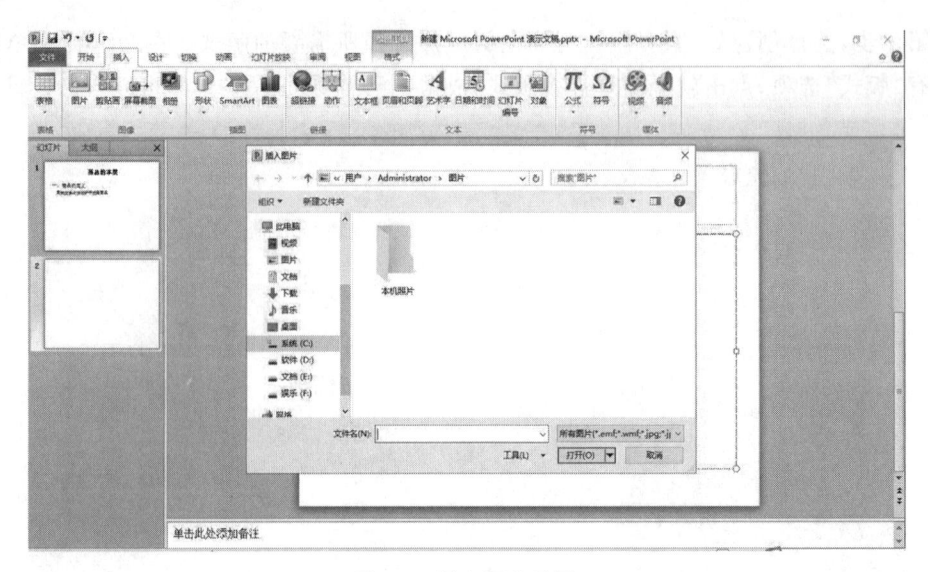

图 3-4　插入图片界面

第五步,插入艺术字。选择"插入"菜单栏,点击"艺术字"选项,选择与 PPT 背景比较搭配的艺术字字体,然后插入,点击确定,再根据需要输入内容,改字体字号,点击确定。

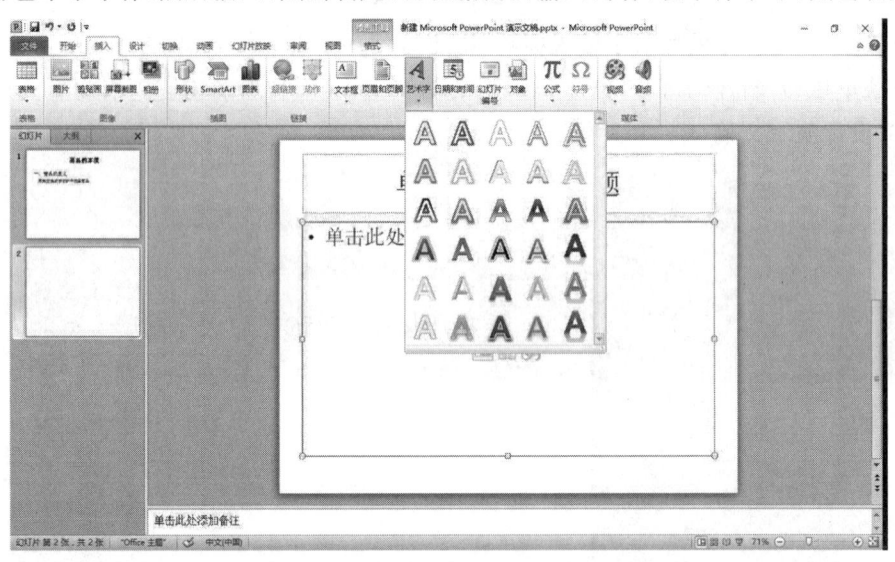

图 3-5　插入艺术字界面

第六步,插入声音文件。能够插入 PPT 音频文件的格式主要有 WAV、WMA、MP3、MID 等几种最常见格式。首先,选择"插入"菜单栏的"声音"选项,接着选择所要插入的声音文件位置,然后选择所要插入的音频文件,完成后会出现一个喇叭图形。还可以设置声音的播放形式,如自动播放或单击时播放。

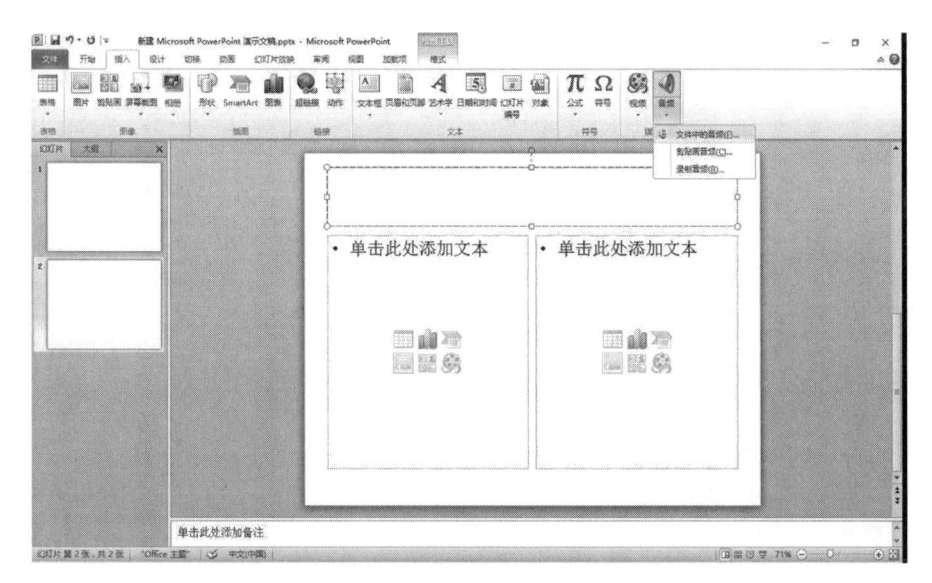

图 3-6　插入音频文件界面

第七步,插入视频文件。选中标注文字,选中"插入"菜单栏中的"视频",选择要插入的文件;注意视频文件的格式一定要与 PPT 所要求的格式一致。同时,桌面会弹出对话框显示选择放映的方式,此时可以根据需要,选择所需要的播放方式。

图 3-7　插入视频文件界面

第八步,设置超链接。选中标注文字,选中"插入"菜单栏中的"超链接",选择要插入的文件;当要超链接本文档中的 PPT 时,根据所弹出的对话框选择要链接的那张幻灯片,点击确定即可。

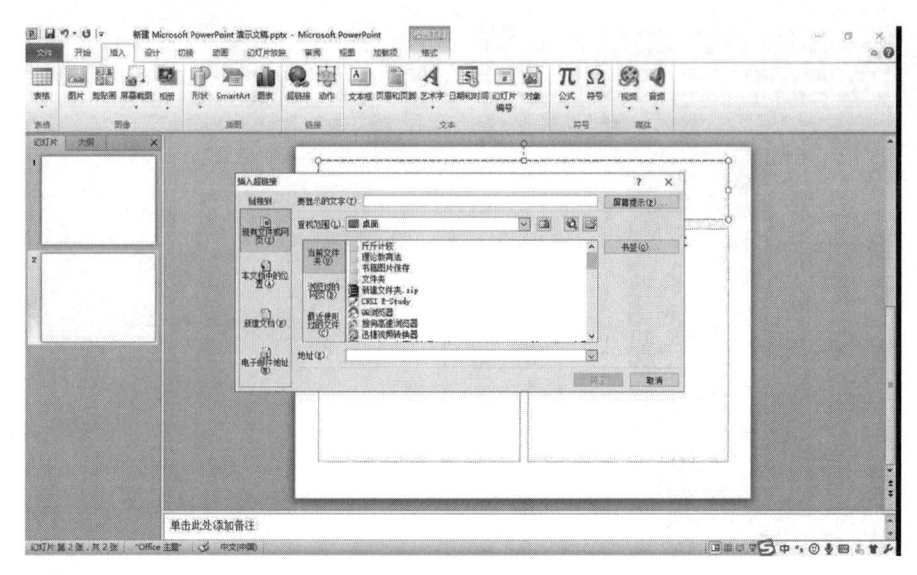

图 3-8　设置超链接界面

第九步,设置动画。选中所需要设置动画的对象,如一张幻灯片、图片或是文本框,单击右键会出现一个对话框,选择"自定义动画"任务窗口,或者单击菜单栏里的"动画",选择"自定义动画"任务窗口,然后根据需要选择某一需要的动画效果,预览其效果。如果不满意,选择"其他效果"选项,可以选择其他效果。

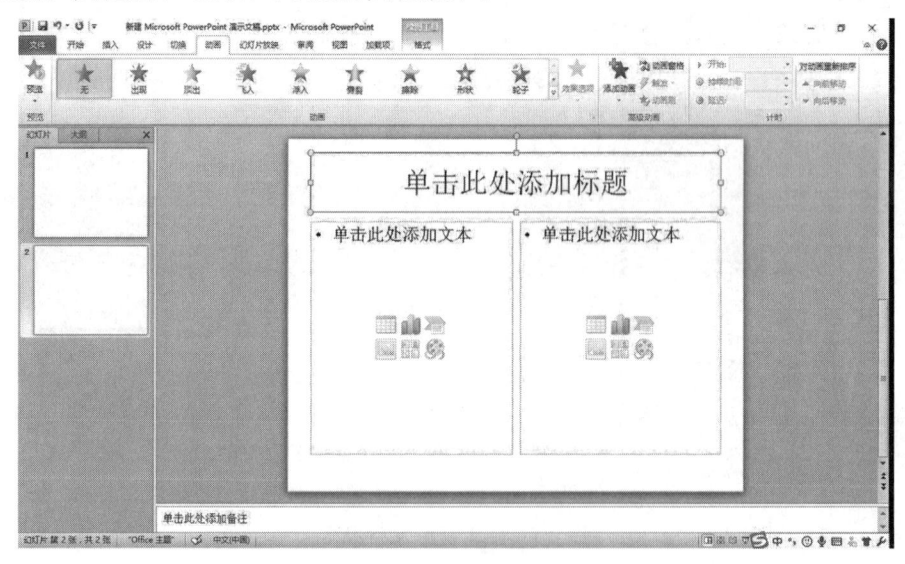

图 3-9　设置动画界面

第十步,打包保存。在每个页面和制作板块都设置好之后,可以整体预览一下效果,如果有必要修改,再酌情修改。如果要将制作好的 PPT 在另外的计算机上进行播放,那么一定要注意将插入的视频、音频、图片等相应的资料一起打包保存。

第四节　微视频制作训练

微视频作为微课的重要呈现形式，能集中展示教学内容的精华部分；质量好的微视频能够起到事半功倍的教学效果。简单的微视频制作也能展现教师的基本功，本节主要介绍微视频制作的基本要求和主要步骤。

一、微视频制作的基本要求

微视频制作的基本要求包括窗口的尺寸、字体、修饰内容、课件的制作、视频的录制等几个方面。

(一)窗口的尺寸

微视频窗口的大小标准比例为 4∶3，背景设置为默认纯白填充，不使用花样模板。通篇配色不要超过 4 种，如觉得配色不够可以用无彩色(白色、黑色、灰色)进行调和。

(二)字体

电脑字体，汉字一般用黑色体，英文一般采用 Arial，不要加粗，并尽量避免使用汉字倾斜。通篇最好只使用 1～2 种字体，如觉得字体不够，可调整字体大小和格式。手写板书应该工整规范，大小恰当。

片头为微视频内容标题，标题居中，字体为黑体，大小为 36～44 号字，时长 3～5 秒。正文内容的字体大小为 22～36 号字。

(三)修饰内容

微视频中不使用与本节微视频课程教学内容无关的图案等进行修饰，不添加背景音乐，不出现与本节微课程教学内容无关的其他干扰信息。

每个微视频只解决一个问题或一个问题的某一方面，相对独立。课程一开始就要进入主题，不要出现"前面我们已经学过"等引言，微课程片尾以讲解的最后画面定格结束。统一用一句话概括讲解内容作为结束，不要出现"谢谢收看、欢迎访问"及"联系方式"等信息。微视频的制作应该确保录音效果良好，普通话标准，讲解声音洪亮，无噪声。

(四)课件的制作

微视频制作所需要的 PPT 同平常所用的 PPT 有所不同，因为 PPT 要进入录制，所以微视频制作所要求的 PPT 有自己的标准。

1.内容设计

PPT 只需要放核心内容，非核心的东西可以通过教师的讲授和肢体语言表达出来。此外，PPT 的内容设计要具有启发性，并要有悬念，还需要设置反思内容。

2.版面设计

(1)首页与封面设计:最好采用PPT的首页作为封面,这样可以使重要知识点与作者信息一目了然。第一张PPT作为微课的"脸面",应当有以下清晰的"五官"。

"额头":如果是系列微课,可以在此说明;

"眼睛":简明扼要的微课标题;

"鼻子":作者及单位;

"嘴巴":学科学段、教材及章节;

"耳朵":边饰,缺乏边饰则显得有些古板、单调(不建议在这里放置教师画面)。

(2)背景:就好似人的皮肤,尽量以素雅为主,能烘托字体,不能太艳丽。

(3)中间页:页面最上端可以罗列知识点,一目了然,中间则放置主题内容,右下角或左下角留出空白,以放置教师画面,同时不挡住文字。

(4)尾页设计:可以加入微课题目以及欢迎观看其他微课等文字,此页不建议加入教师画面。

3.美学设计

(1)整个PPT中,比例为50%的文字,20%的图片,30%的空白。

(2)整个PPT文字颜色不要超过3种,最好只使用2种。

(3)上下一致,左右协调。PPT的上半页与下半页内容容量差不多,不要出现头重脚轻,也不要出现一边重一边轻的现象,左半页与右半页必须协调。

(4)翻页动画可以有数种,但是也不能太多,2~5种翻页效果是合适的。

(5)讲究审美,不要出现连续几页全部是图片或者全部是文字的情况。

(五)视频的录制

教学的实施离不开教学过程的完美设计,微视频由于时间上的限制,需要构建一个完整精练的教学过程,应该注意以下几方面。

1.切入课题要新颖、迅速

由于微课时间短,因此在设计微课时要注意切入课题的方法、途径力求新颖、迅速,而且要与题目密切相关。在微课教学设计中,通常采用以下几种方式切题。

(1)设置一个题目引入课题;

(2)从以前的基本内容引入课题;

(3)从生活现象、实际问题引入课题;

(4)开门见山进入课题;

(5)设置一个疑问、悬念等进入课题。

2.讲授线索要明晰

微课的设计,要求尽可能地只有一条线索,在这一条线索上突出重点内容。在讲授重点内容时如需要罗列证据,则罗列时要做到精而简,力求论据的充分、准确,不会引发新的疑问。在设计微课时要注意巧妙启发、积极引导,力争在有限的时间内,圆满完成任务。

3.结尾要快捷

在微课的设计中,小结是不可少的,它是内容要点的归纳。好的微课小结可以起到画龙点睛的作用,可以加深学生对所学内容的印象,减轻学生的记忆负担。

4.力求创新,亮点耀眼

微课的设计一定要有自己独特的亮点。这个亮点,可以是深入浅出的讲授,可以是细致入微的剖析,可以是激情四射的朗诵,也可以是精妙完美的课堂结构,还可以是准确生动的教学语言,等等。

二、微视频制作的主要步骤

微视频的制作有章可循,一般来讲要经历准备阶段、制作合成阶段和后期制作阶段。具体来说,可以按以下步骤操作。

(一)微视频制作的准备

微视频制作的准备阶段主要包括选题的设计和教案的编写。

1.选题的设计

微课选题的设计是微课制作最关键的一环,选择一个好的选题对制作一节好的微课可以起到事半功倍的作用。

(1)教学中的重点、难点

一节微课一般讲授一个知识点,对于这个知识点的选择,关乎知识结构的设计,把教学中的重点、难点用来制作微课,是一个较好的选择,较为符合微课制作的初衷——教学资源分享,为学生解惑,启发教学。

(2)要适合用多媒体表达

微课作为一种媒体,内容的设计要适合使用多媒体表达。对于不适合使用多媒体表达的内容,制作的结果是达不到预期效果的,因为使用黑板教学或进行活动实践的教学效果也许会更佳;同时,这种设计也会使教学过程平淡无奇,令观看者失去学习欲望。因而微课选题要适合使用多媒体表达,适合加入丰富的图形、图像、动画和视频。

2.教案的编写

微课教案的编写与常用教案的编写有着明显的不同。由于微课要求在很短的时间内完成对知识点的讲解,这就要求在时间的安排上做到精准。此外,教案的编写既要适合教学的对象,也要符合教学对象的认知过程。具体来说,微课教案的编写有着严格的要求,可以参照下面的微课教案设计表来进行教学设计。

表 3-2　微课教案样表

授课教师姓名		学科		教龄	
微课名称		视频长度		录制时间	
知识点来源					
知识点描述					
预备知识					
教学类型					
适用对象					
设计思路					
教学过程					
	内　容				时间
一、导入					
二、正文讲解					
三、结尾					
四、教学反思					

(二)微视频的制作合成

微视频的制作关键在于录制,这里以最常见的微视频录制软件 Camtasia Studio 为例进行说明。在官网下载安装好该软件后就可以进行微视频的录制。

第一步,打开 Camtasia Studio 软件和要录制的 PPT,出现如下图所示界面。关掉对话框,也可选择录制屏幕,直接进入第二步。

图 3-10　Camtasia Studio 运行初始界面

第二步，点击录制屏幕，出现如图 3-11 所示的界面，即可开始录制。

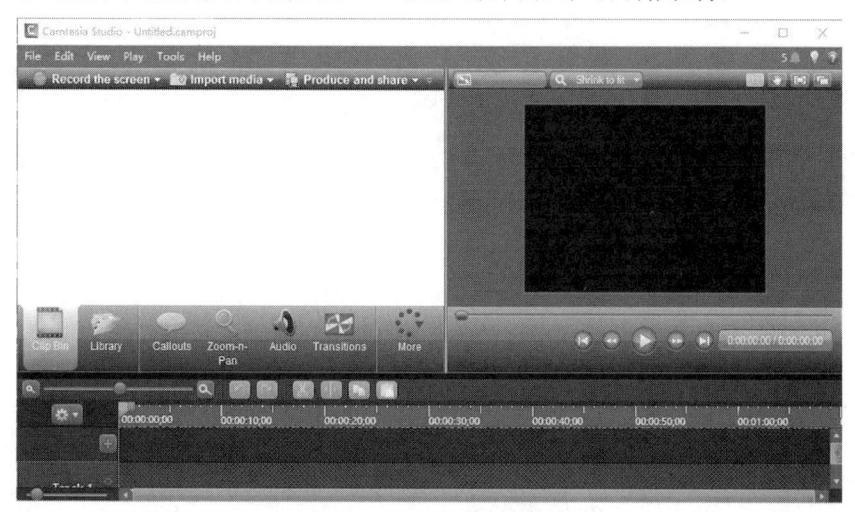

图 3-11　录制屏幕界面

第三步，点击如图 3-12 所示的 Full screen 按钮即可全屏录制画面，绿色的虚线则表示录制屏幕的范围大小。

图 3-12　录制屏幕的大小界面

第四步，点击"Custom"可自定义录制屏幕的大小，也可用鼠标拖动绿色边线上的小矩形灵活调整将要录制屏幕的大小。

图 3-13　调整录制屏幕的大小界面

第五步，点击"Webcam on"，选择是否将要开启摄像头录制教师授课的画面。

图 3-14　开启摄像头录制界面

第六步,点击选择是否要录制讲课的声音,用鼠标拉动滑块调整声音的大小。

图 3-15 调整声音界面

第七步,点击"rec"就可以开始录制了。此时需要打开要录制的文件,录制过程中可以按 F10 停止录制,最后将其保存在指定的文件夹中,就完成画面和声音的录制了。

图 3-16 停止录制界面

(三)微视频的后期制作

微视频的后期制作主要是指对已经录制好的视频进行后期的一些基本调整和修改。

(1)时间不超过 5 分钟;

(2)如果声音太小或太大,要适当调整;

(3)视频窗口的大小尺寸为 640×480 或是 320×240,视频格式为 FLV、MP4,音频格式最好采用 MP3。

第四章

模拟教学训练

模拟教学是师范生成为一名教师的准备活动,是对自己的教学设计和教学实施能力的初步演练,是师范生将理论知识转变成实践能力,不断提升自身教师专业素养的仿真性教学活动。本章将对模拟教学中的微格教学、小组试讲、讲课比赛活动进行重点介绍,并对模拟教学反思的内容和方式进行简要介绍,以期对师范生开展模拟教学训练提供参考。

第一节 微格教学训练

微格教学的英文为 Microteaching,在我国被译为"微型教学""微观教学""小型教学"等,目前国内用得较多的是"微格教学"。根据多年的微格教学实践及国内微格教学研究成果,我们将微格教学的概念定义为,微格教学是一个有控制的实践系统,它是师范生或在职教师有可能集中解决某一特定问题的教学行为,或在有控制的条件下进行学习,它是建立在教学理论、视听理论和技术基础上,系统培训教师教学技能的方法。因此,在日常师范生模拟教学中,微格教学是以少数的学生为对象,在较短的时间内(5~20分钟),尝试进行小型课堂教学的一种模拟教学训练活动。可以把这种教学过程摄制成录像,课后再进行分析,这是训练新教师提高教学水平的一条重要途径。

一、微格教学的准备

做好准备工作是微格教学顺利开展的前提条件。微格教学不仅要准备好教室,也要做好个人的教学准备。

(一)预约微格教室

首先,我们需要预约微格教学的微格教室。以西南大学微格教室的预约为例,流程如下所示。

> **预约微格教室的流程**
>
> 一、网上预约教室
>
> 进入西南大学官网→机构部门→教师教育学院→教师能力训练→微格教室网上预约系统
>
> 二、填写微格教室使用登记表
>
> 进入西南大学官网→机构部门→教师教育学院→教师能力训练→微格教室使用登记表
>
> 三、到微格教室管理处领取教室钥匙
>
> 到微格教室管理处，上交微格教室使用登记表并填写使用记录表，领取教室钥匙。

根据每个学校和学院的不同要求，预约微格教室的流程略有差异，可以根据实际情况做出相应的调整。

> **温馨提示**
>
> 预约微格教室可以在学期初提前预约。这样不仅可以避免预约高峰，也可以事先准备好微格教室，方便开展后续微格教学活动。

(二)微格教学的实施步骤

微格教学的准备阶段包括学习相关知识、确定训练目标、观摩示范、分析与讨论、撰写与熟悉教案等步骤。

1.学习相关知识

在实施模拟教学之前，应学习微格教学、教学设计等相关内容，熟悉并深入了解微格教学的相关知识。

2.确定训练目标

在进行微格教学之前，指导教师首先应该向微格教学实践者讲清楚本次教学技能训练的具体目标、要求，该教学技能的类型、作用、功能，以及典型事例运用的一般原则、使用方法和注意事项。

3.观摩示范

在观摩微格教学示范片过程中，指导教师应根据实际情况给予必要的提示与指导。教学示范片可以是优秀的、典型的教学案例，也可利用反面案例，但建议以正面示范为主。如若可能，应配合声像资料提供相应的文字资料，以利于师范生对教学技能进行理性把握。

4.分析与讨论

在观摩示范片或教师的现场示范后，组织微格教学实践者进行课堂讨论，分析示范教学的成功之处及存在的问题并展开讨论。大家通过相互交流、沟通，集思广益，酝酿在这一课题教学中应用该教学技能的最佳方案,为下一步编写教案做准备。

5.撰写并熟悉教案

当被训练的教学技能和教学目标确定之后,微格教学实践者就要根据教学目标、教学内容、教学对象、教学条件进行教学设计,选择合适的教学媒体,撰写详细的教案。撰写完成后要多次熟悉自己的教案,为微格教学的实践做好充分的前期准备工作。

(三)调试设备

微格教室的设备主要包括主控室和微格教室两部分。

1.主控室

主控室的主要设备包括计算机、主控机、摄像头、录像机、VCD、监视器、监控台等。主控室可以控制任一微格教室中的摄像云台和镜头,可以监视和监听任一微格教室的图像和声音,可以对微格教室播放教学录像与电视节目,也可以把某个微格教室的情况转播给其他的微格教室,进行示范,还可以录制某个微格教室的教学实况供课后讲评。

2.微格教室

微格教室中的设备主要包括分控机、摄像头及其他教学设备。在微格教室中可以呼叫主控室,并可与主控室对讲。微格教室中可以控制本室的摄像系统,录制本室的声音和图像,以便对讲课情况进行分析和评估。分控机可以遥控选择主控室内的某一台录像机、VCD机等其他影像输出设备,并能遥控自己选择的设备的播放、停止、暂停、快进、快退。

随着信息技术的发展,数字化的微格教学系统应运而生,它是一个集微格教学、多媒体编辑、影视音像制作、多媒体存储、视频点播、数字化现场直播为一体的数字化网络系统。在这里,观摩和评价系统均采用计算机设备,并通过交换机连接校园网或 Internet。信息记录方式采用硬盘存贮,或刻录成光盘,人们可以随时随地通过网络或光盘进行点播、测评与观摩。

现以西南大学微格教室设备操作规程为例讲解具体操作步骤。

1.开启设备

按一下控制面板上的"上课"键,等待电脑启动完毕,用鼠标双击桌面图标"本地录制软件",点击"开始微格训练",待画面全部出现后,点击"开始录制",弹出"启动成功",点击确定后把窗口最小化即可进行讲课训练。训练完毕后,还原窗口,点击"结束录制",弹出"停止成功",点击确定,关闭录制窗口即可。点击录制窗口中的"点播下载"可回放录像。

2.关闭设备

按一下控制面板上的"下课"键,见"上课"键上红色闪烁即可。

二、微格教学实施技巧

(1)控制微格教室人数

微格教室的人数一般根据微格教室面积的大小来确定,一般 6~8 人为宜,方便师生进行交流学习。

(2)模拟教师角色

微格教学实际上是提供一个练习环境,使日常复杂的课堂教学得以精简,并能使练习者获得大量的反馈意见的活动。角色扮演是微格教学中的重要环节,是受训者训练教学技能的具体教学实践过程,即微格教学实践者走上讲台讲演,扮演教师,因此被称作"角色扮演"。微格教室的环境并不等同于正式的教学实践环境,尤其是初次进行模拟教学的师范生在微格教室的特殊环境下还不能完全进入自己的教师角色,容易脱离教师角色,所以要进行必要的教学互动演练。特别注意的是要避免背诵教案等情况。为营造出课堂气氛,可由小组的其他成员充当学生,避免授课者脱离教师角色。

(3)观看与评析教学录像

微格教室的特色就是可以完成教学录像,并在教学结束后,可以反复观看教学录像。教学结束后,指导教师要及时组织播受训讲者的教学实况录像或进行视频点播,并与受训者及小组成员一起观看。评析时,先由受训人进行自我分析,检查实践过程是否达到了自己所设定的目标,是否掌握了所培训的教学技能,指出有待改进的地方,也就是"自我反馈"。然后指导教师和小组成员对其教学过程进行集体评议,找出不足之处,教师还可以对其需改进的问题进行示范,或再次观摩示范录像,以利于受训人进一步改进、提高。评价反馈结束后,受训人需修改、完善教案,再次实践。在单项教学技能训练告一阶段后,要有计划地开展综合教学技能训练,以实现各种教学技能的融会贯通。

第二节 小组试讲训练

小组试讲是在小组内进行试讲的一种模拟教学方式,即在分组完成后小组内部成员之间互相进行试讲,指导教师以学生试讲小组为主要的教学组织手段,通过指导小组成员展开合作,发挥群体的积极功能,完成师范生教学技能的训练和教学实践的演练的一种模拟教学形式。那么,小组试讲需要做些什么呢?

一、小组试讲的准备

(一)合理分组

1.确定组员

小组试讲首先要确定小组的成员有哪些,小组成员的确定要做到以下两点。

(1)小组人数

一般来说,小组试讲的成员以6~8人为宜,也可以根据所在班级试讲分组的实际情况进行相应的调整。

(2)组员结构

把全班学生按"组内异质、组间同质"的原则,根据性别比例、兴趣倾向、学习成绩、交往能力、守纪情况等合理搭配,分成试讲小组。

2.确定组长

小组试讲中,小组长会全权负责小组试讲的组织实施和后续工作的沟通交流,起着不可忽视的重要作用。在小组内,我们要确定一位热心、认真,具有责任心,能够以身作则的人担任小组长,并能够在后续的试讲活动中组织小组成员商讨试讲安排和试讲计划,并严格按照试讲纪律全面督促小组成员完成试讲活动。

(二)拟订试讲方案

1.试讲安排

首先,小组长要和全体组员商定试讲安排,包括时间安排、地点安排等,小组长此时要起到领导作用,对组内成员进行合理分工和任务安排,因为这是小组试讲活动能否有效展开的重要条件。

试讲流程可以安排如下:

①制订小组工作计划→②研究教材、确定试讲内容→③编写单元计划、教案→④小组说课→⑤导师指导说课、审查教案→⑥小组试讲→⑦评议、反思、改进→⑧导师指导试讲、进一步改进→⑨试讲通过。

2.试讲内容

试讲内容一般可以根据学校的学期课程内容、任课教师的要求、学科专业要求等自行安排,也可以根据小组实际情况和试讲安排有序展开。

3.试讲纪律

小组试讲纪律可以由组员一起商讨制订,也可以按照学校相关要求制订试讲纪律。小组成员一定要严格遵守试讲纪律,尤其是小组长要以身作则,并严格要求自己,对全组成员进行监督,组员之间也要互相监督,共同完成试讲活动。

表 4-1 所示为西南大学某小组试讲纪律。

表 4-1　试讲纪律

1.不可无故缺席、迟到、早退,如有特殊情况需向组长说明情况并请假。 2.以真实课堂的纪律严格要求自己。 3.认真听课,不肆意打断讲课者;专心讲课,融入教师角色。 4.试讲后及时进行评课,总结经验,并加以修改。 5.试讲结束,清理好教室垃圾,关好教室设备、门窗后方可离开。

(三)联系指导人员

小组试讲的一个重要环节就是联系指导人员进行专业指导。小组长应当在试讲前提前联系导师或者有教学经验的师兄师姐进行专业的教学指导,完成小组试讲的评议、反思和改进,及时交流讨论试讲经验,完成试讲总结。

(四)了解试讲的具体要求并准备好相关表格

试讲前,还需要对试讲的要求进行了解并准备好相关表格,以下为某个小组试讲的具体要求和试讲评估表。

表 4-2　试讲的具体要求

1.板书:板书内容正确,无遗漏;标题的编号要统一;正板书居中,副板书在两边;板书的排列合理、有序;字迹规整,无错别字;不能写了擦、擦了写,涂涂改改;章节字体的大小适中,粉笔字书写清楚,正板书书写平直且不能擦去。 2.语言:口齿清楚、发音准确;语言连贯、流畅,不能打结;不出现无意义的音节与口头禅;语言有节奏感,讲课不能像背书,不能读教案,语速不能过快;地方口音不能太重;声音要放得开,不能太小;不能面对着黑板讲话;可以更多地尝试着使用设问句式。 3.教仪教态:穿着整洁、教态亲切、自然大方(不要染发、男生应剪去长发);眼睛要看着学生,不能看着窗外和天花板或一直低着头看教案;不能过多地摇晃身体和抖动双腿;不能将身体伏在讲台上或将手插在裤袋中。 4.教学常规:讲课教学中循序渐进的五个环节为组织教学、导入新课、讲授新课、巩固新知、布置作业。课堂教学的五个环节,一个不能少;对重点内容要给予重点关注;与学生之间要有互动环节,不能一讲到底;不能脱离教材,教材中的插图、地图、原始材料、注释要兼顾并合理利用;补充的内容要具有科学性和必要性。

表 4-3　个人试讲情况记录表

个人试讲情况记录表（学生用）

姓名：　　　专业：　　　班级：　　　日期：　　年　　月　　日

教学主题及过程：(各环节的主要内容及所需时间)
自评：(可取之处、存在的问题、改进的意见等)
自评成绩(成绩1)：

表 4-4　小组试讲听课记录表

小组试讲听课记录表（学生用）

被评人：　　　专业：　　　班级：　　　日期：　　年　　月　　日

教学主题及过程：(讲课开始时间：　　　结束时间：　　　)
被评人自评：

续表

评价人甲: 评分:	评价人乙: 评分:
评价人丙: 评分:	评价人丁: 评分:
小组评价:	
小组评定成绩(成绩2):	

表 4-5　集中试讲评课活动记录表

(指导教师、学生用)

学院名称			被评学生	
被评课学生所属专业、年级				
评课时间	年　月　日　时至　时		地点	
评课主持人			记录人	
评课人员名单 (共　　人)				
被评学生 课堂教学 设计自述(说课)				
评课 人员的意 见和建议				

二、小组试讲的实施

（一）主讲人员精心准备

主讲人员要在试讲前精心备课，完成详细的教学设计，同时注重仪表着装。在试讲前做好充足的准备，对所讲内容的相关背景等知识了解到位，并把讲课内容和这些背景结合起来，让背景知识在吸引学生的同时把学生引导到教材的内容上来。精心设计自己的试讲环节，认真对待试讲，珍惜试讲机会，展示自己真实的教学实践水平。

（二）灵活转变角色

小组试讲的过程区别于真实的课堂教学实践，在小组成员面前，主讲人很难脱离原本的学生角色，不能做到灵活转变教师角色，容易形成背教案等不良习惯。这就需要我们在小组试讲时，及时纠正自己的错误，珍惜试讲的锻炼机会，不仅要适应师生角色的转变，同时也要及时转变小组成员间互相学习的学习者角色，最终能做到灵活转变角色。

（三）组长全程督促

为了避免小组成员出现敷衍了事、不认真对待小组试讲甚至违反试讲纪律等不良现象，小组长要肩负组长的职责，全程督促小组试讲活动，保证小组试讲的有序进行。

（四）营造和谐共进氛围

小组试讲的本质就是小组内部成员之间的合作交流学习，并在这个过程中共同进步，互相学习，一起成长，所以营造一个和谐共进的学习氛围将会大大增加小组成员的合作交流，最终共同完成模拟教学过程，共同成长进步。

第三节 讲课比赛训练

讲课比赛的目的是通过采用竞赛的方式来模拟课堂教学,利用激烈的比赛来提升参赛者的教学能力,增加教学实践经验。讲课比赛也是模拟教学的一种重要形式。讲课比赛比的是师范生的综合素质与综合能力,这些综合素质与综合能力是师范生长期练就的一手硬功夫——教学能力。为了在讲课比赛中取得优异的成绩,我们需要做好全面的准备工作,并注意一些细节问题。

一、讲课比赛的准备

(一)熟悉比赛规则

参加任何一个讲课比赛,首先要做的是熟悉所参加比赛的规则,最好对讲课比赛的评分细则有一个全面的了解,做到"知己知彼"。

以下以西南大学某讲课比赛的规则和评分细则为例进行说明。

表 4-6　师范生课堂教学技能竞赛规则

师范生课堂教学技能竞赛规则
(一)三笔字 1.毛笔字、钢笔字:选手在活动现场根据所给内容进行书写,时间共 40 分钟; 2.粉笔字:以课堂教学环节中选手板书为评分依据。 (二)自我介绍及教学情境问答 教学情境问答由选手现场抽题回答。教学内容应为参赛选手所学专业相关的现行中小学学科内容;选手作答时间不得超过 3 分钟;当时间至 2 分钟时工作人员举黄牌,3 分钟时工作人员举红牌,此时选手需停止作答。 (三)教学水平与技巧 选手在竞赛教室进行课堂教学,采用传统教学,手写板书,不使用多媒体进行辅助;时间为 12 分钟,当时间至 9 分钟时工作人员举黄牌,12 分钟时工作人员举红牌,此时选手需停止讲课。教学内容应为参赛选手所学专业相关的现行中小学学科内容。 (四)教案制作 要求选手提交详细教案,由评委进行评分。 注:奖项设置一等奖 2 名;二等奖 3 名;三等奖 5 名。

表 4-7　师范生课堂教学技能竞赛评分表

序号	项目	评分标准	得分
1	三笔字（满分 10 分）	书写规范,体系明晰,排版合理(10 分)	
2	自我介绍及教学情境问答（满分 10 分）	逻辑严密,观点明确,表达流畅,条理清楚(10 分)	
3	教学水平与技巧（满分 60 分）	整体教学效果良好,充满激情(5 分) 严格要求和关心学生,调动学生积极性,课堂氛围好,结合教学内容进行思想品德教育(10 分) 熟练使用普通话教学(5 分) 概念准确,观点明确,条理清楚,重难点突出,课堂教学节奏把握较好(20 分) 内容熟练,材料丰富,理论联系实际,反映学科最新发展动态(10 分) 思路清晰,结构完整,教学方式合理(10 分)	
4	教案制作（满分 20 分）	材料丰富,理论联系实际,反映学科最新发展动态;结构完整,设计内容新颖(20 分)	
总计	100 分		
总体评价和建议		评委签字:	

表 4-8　师范生课堂教学技能竞赛参赛选手得分表

姓名	三笔字（满分 10 分）	自我介绍及教学情境问答（满分 10 分）	教学水平与技巧（满分 60 分）	教案制作（满分 20 分）	总分
评委 1					
评委 2					
评委 3					
评委 4					
评委 5					
评委 6					
评委 7					
评委 8					

续表

姓名	三笔字 （满分 10 分）	自我介绍及教学 情境问答 （满分 10 分）	教学水平 与技巧 （满分 60 分）	教案制作 （满分 20 分）	总分
平均分		排名			
统分员 1 签字		统分员 2 签字			

(二)精心打磨教学设计

讲课比赛对参赛者的教学基本功和课堂教学实践能力都提出了更高的要求。要想在比赛中脱颖而出，精心打磨教学设计成为至关重要的一环。在参加比赛前需根据比赛要求提前准备好教学设计，并向指导教师和有参赛经验的师兄师姐请教，反复打磨自己的教学设计，争取做到更加完善，新颖独特，在比赛中脱颖而出。

(三)反复进行教学演练

讲课比赛对教学实践能力的要求更高，也是对参赛者教学基本功的一次考验。所以，参赛者要在比赛前多次反复地进行教学演练，并请相关的指导老师和同学观摩点评，指出自己的不足，选择适合自己的教学风格，规范自己的仪表着装、体态、语言等，尽量在比赛前改正自己的不足，最终达成更完美的教学实践，充满信心地参加讲课比赛。

(四)充分做好物资准备与心理准备

讲课比赛是一场参赛者的综合素质和各方面能力的综合较量。在比赛前，参赛者应该充分做好服装、教具、PPT 制作、教科书等物质准备，同时也不能忽视赛前的心理准备和调适，自信轻松的心态是取得讲课比赛成功的重要因素。讲课比赛前还要做好对比赛中意外情况和困难的预设，提前做好心理准备，比赛时就会更加自信、沉稳。

二、讲课比赛的注意事项

(一)注意把握比赛时间

讲课比赛对于讲课时间都有具体的规定，参赛者一定要在规定的时间完成自己的讲课内容，否则容易造成失分，这是比赛中容易忽视的一点。为了在比赛时精确把握时间，在赛前教学演练时就要把握好时间的控制，尽量在规定时间内完成，这也是对教师基本功的考验。

(二)设计教学亮点

讲课比赛毕竟是一个具有竞争性的竞赛活动，要想在比赛中脱颖而出，就要有一些不同于随堂讲课的教学亮点，这就需要在教学设计时有意识地设计一些教学亮点，增加新颖度,抓住评委的眼球,给评委留下良好的印象,助力讲课比赛取得成功。

(三)发挥教学机智

尽管事前进行了充分的准备工作,但是讲课比赛时不可避免地会出现之前没有预设到的情况,一旦出现意外情况,一定要发挥教学机智,淡定处理问题,抓住机会挽救失误,顺利完成比赛,有可能会因此获得评委的赞赏。

(四)注重比赛礼仪

讲课比赛是一个全面考查综合素质的竞赛,不仅仅是台上讲课,在过程中的比赛礼仪也很重要,对评委老师、工作人员要始终做到礼貌待人,微笑接受评委老师的意见和比赛的结果,体现自己作为一名准教师的风采和风范。

第四节　模拟教学反思

模拟教学的反思是指进行模拟教学的参与主体进行一定程度的教学实践后,为了提高今后的教学效果和教学质量,以自己的模拟教学活动过程为反思对象,对模拟教学过程本身以及与模拟教学相关的活动进行理性审视和分析的过程。模拟教学的反思是通过提高学生自我觉察水平来促进自身未来教学能力的发展,促进作为未来教师专业素质提升的重要手段和途径。由此模拟教学的反思至关重要,通过理性的审视和分析可以帮助进行模拟教学的学生发现教学中的问题和提出相应的改进策略,为今后提高自身的教学能力和教学效果奠定良好的基础。

一、模拟教学反思的内容

在模拟教学的过程中,教学反思的内容主要是与教学实践相关的一些内容。具体来说,主要包括以下几个方面。

(一)对教学理念的反思

教学理念看似无声无形,实际上贯穿于整个教学过程中并能改变教学实践的面貌,最终决定教学的成败。尤其是在模拟教学阶段,进行模拟教学的学生要有意识地开始树立正确的教学理念,为今后的实际教学奠定基础。教学理念的反思就是要运用最新的教育理论来反思和检验自己已经固有的教学观念是否合理,摒弃自身观念的局限性,在模拟教学阶段这一点显得尤为重要。通过自己初次的教学模拟,审视自己教学行为背后蕴含的教学理念,学习并贯彻新的教学理念,在比较各种教学理念的特点、使用条件等的基础上,选择合适的教学理念来指导自己的教学实践。因此,在模拟教学阶段就要反思:现在有哪些新的教学理念和观点,什么样的教学理念是符合现代课堂教学要求的,自己的言论和行为体现了什么样的教学理念,怎么做才符合新教学理念的要求。

(二)对教育对象的反思

课堂教学的一切活动都是围绕教育对象即学生的学习展开的。学生作为具有思想、感情、个性的活生生的个体,具有自己的自主意识和主观判断,尤其是新生代的学生群体,具有更加鲜明的个性特征。师范生要通过反思自己的模拟教学活动,分析学生的个性特点、思想和学习需要,因材施教,增强模拟教学的针对性和实效性,更好地促进学生的学习发展,并在模拟教学的过程中初步训练自己的教学实践,不断调适自己的教学方式,为以后分析学生的学习情况积累一定的经验。

(三)对教学基本功的反思

模拟教学的过程其实是进行教学活动的尝试过程,在进行模拟教学的演练时要反思自己在模拟教学的过程中使用的语言是否恰当、规范,是否准确且具有逻辑性,是否简单明了、通俗易懂等。要想做到用优美简洁的语言将教学内容表达出来,使学习者津津有味地听课,保持持续学习的热情,那么就需要在模拟教学阶段就不断进行揣摩、反复推敲自己的教学语言,并在模拟教学的过程中尽量使用生动活泼、富有吸引力的教学语言,以此训练和不断提升自己的教学语言能力;同时,也要反思自己在教学过程中的教姿、教态是否符合教师的规范,反思自己的走动、站立、手势、微笑等仪态和衣着、发型等仪表是否合适,虽然这些不直接向学生传递教学信息,但存在着不可忽视的潜在作用,是学生直接对任课教师产生相关印象的首要因素,也是学生和教师沟通感情的重要因素。因此,师范生在模拟教学的训练阶段就要尽量做到落落大方,形象得体,以一名教师的标准严格要求自己。

(四)对教学设计的反思

教学设计是影响课堂教学成败的重要因素。模拟教学的目的之一就是训练教学设计的能力。在模拟教学阶段首先要学会反思自己设定的教学目标是否合理、可行,是否符合课程标准的要求和规定,只有教学目标的正确确立才能引导教师朝着正确的方向努力前进。其次是对教学内容的反思。教学内容是教学活动中最具实质性的因素,我们一定要在模拟教学阶段反思自己的教学内容是否合理,主要反思教学重点、难点的确定是否符合教学目标和学生的认知规律,以及在模拟教学操作中能不能突破重难点,是否有更加优化的可能性;尤其是在新课程标准的要求下,教学内容的选择不再以"本"为本,要重视对教学内容的拓展和课程资源的开发。最后,作为一名教师不仅要知道"教什么",而且要知道"怎么教",这就需要我们对教学方法进行反思,在教学实践中不断调整自己的教学方法,并根据学生的学习效果反馈及时对自己的教学方法进行反思和创新,进而积累教师个人的教学经验,不断提升自己的教学设计能力。

(五)对教学管理的反思

对于教师来说,课堂教学过程是一个动态的过程,会出现很多不可控的因素,有时会发生意料之外的事情和状况,如一些学生违反或扰乱课堂纪律、出现不良的学习习惯等影响课堂教学的问题行为,这就需要我们在模拟教学阶段就开始有意识地训练自己的课堂管理能力并及时进行总结和反思。由于在模拟教学阶段并没有实际课堂教学中学生主体的参与,这就容易造成模拟教学者无教学互动,所以在反思阶段更要注重这方面的回顾与反思,争取在模拟教学阶段就有意识地训练自己的课堂管理能力,尝试不同的课堂管理方式,并要在这个过程中锻炼自己的耐心、责任心,做到充分理解学生,切不可盲目沉浸在教师角色的"权威"中,以免造成负面影响,打击学生的学习积极性,造成师生矛盾激化等问题。总之,在模拟教学阶段就要有意识地训练自己的课堂管理能力,为以后的教学实践打下坚实的基础。

> **温馨提示：也可以对教学亮点和失误进行反思**
>
> 1.对教学亮点的反思
>
> 　　每一堂课都有自己的闪光点或亮点。模拟教学的过程中，可以抓住自己的教学亮点进行反思，考虑自己的教学亮点设计是否有可以改进提升的地方，争取优化使其更加完善，另外也可以在其他教学内容中合理借鉴此教学亮点。
>
> 2.对教学失误的反思
>
> 　　课堂教学过程中存在很多不可控的因素，所以教学中也会出现一些教学失误。我们要通过从失误反思中吸取经验教训，避免重复失误。尤其是在模拟教学阶段，初学者进行教学实践的模拟不可避免地会出现各种各样的教学失误。我们应该对模拟教学中的失误及时进行反思，思考为什么会出现这样的失误，哪些准备工作没做好，如何在以后的教学中避免类似的情况发生等。这样做可以为以后的教学实践积累教学经验，进而提高教学能力和专业素质。

二、模拟教学反思的方式

　　明确了什么是模拟教学的反思和模拟教学反思的内容后，我们需要了解具体有哪些方式来进行模拟教学的反思，从而更好地在教学反思环节选择合理的反思方式，取得模拟教学反思的效果，不断提升自己。

（一）撰写教学反思

　　教学后记，也称教后感，是教师在上课后及时总结这一节课的成败得失，并把感悟和经验教训简明扼要写下来形成的文稿，可以附在教案后面。这是在完成模拟教学之后重要的一环，是对自己上完一节课后的回顾和思考，是进行教学活动的基本环节和改进教学的基本形式。

　　教学反思是教师对教学行为的有感而发，包括教师的教和学生的学以及教学环境多个方面的因素，凡是对教师有所触动的都可以作为教学反思的记述对象。教学反思一般记述的内容有教学中教师的成功和失误之处，教学中学生的困惑和见解，教学中的生成性问题及其解决过程，别人的评价，教学再设计等内容。表 4-9 所示为一份比较全面的教学反思录。

表 4-9　教学反思录

科目：＿＿＿＿　　课题：＿＿＿＿　　班级：＿＿＿＿
时间：＿＿＿＿年＿＿＿＿月＿＿＿＿日 ＿＿＿＿午　第＿＿＿＿节
1.本节课我讲授的时间有多少？
2.我讲话的音调怎样？
3.我的体态语言是否丰富？
4.我在教室里是怎样走动的？
5.微笑教学了吗？
6.训斥学生了吗？

续表

7.授课后感到快乐吗？ 8.导致我心情不佳的事件。 9.尊重学生情况举例。 10.我感到最自豪的教学活动是什么？ 11.学生听课时的反应如何？ 12.学生学习状态描述。 13.学生的合作状况。 14.本节课的异类观点(学生姓名、观点)。 15.意外发现_____学生的闪光点。 16.对于_____学生，关于_____事情，课后应该找他谈话。 17.关注现实生活的情况。 18.所任学科与其他学科的融会贯通情况。 19.师生对话形式。 20.师生交往互动状况，改进措施。 21.哪些教学设计取得了预期效果？ 22.非预期性事件(处理方法，怎样处理更机智)。 23.这节课从学生那里学到了什么？ 24.在什么样的情形下，感到与学生关系最密切？ 25.哪些精彩片段值得仔细地咀嚼？ 26.哪些突发事件让我措手不及？ 27.什么时候、什么情境下感到最焦虑或沮丧？ 28.自己感觉这节课成功吗？ 29.如果给我重试的机会，在哪些方面我将做得更好？ 30.其他值得反思的问题。

上述反思录包含了教学反思中可以涉及的各方面内容。教师一定要花时间认真填写，长期坚持下来定能有所收获。

(二)撰写教学日志

教师在教学中会面临各种教学现象和教学事件，面对不同的班级和学生，遇到各种各样的教育教学问题，会有不同的感悟和体验，此时，撰写教学日志也是模拟教学反思的一个重要方式。教学日志主要有随笔式、主题式、网络博客式等类型，不同的教学日志在记录的侧重点上有一定的差异，可根据自己的实际情况选择不同的方式。

表 4-10　教学日志模板

记录人：　　　　　　　　记录日期：
记录类型：(类型可以是教学观摩、教学设计反思、课后反思、访谈实录或读书日志)

续表

记录:(此部分记录教学过程、访谈实录或教学心得)
反思:

积跬步,致千里
——微格教学训练之反思

在我的师范生技能训练的过程中,有一个环节必不可少且尤为重要,那就是在微格教室里反复练习,不断发现自身存在的问题。微格教学的过程充分印证了"台上一分钟,台下十年功"。为了一堂精彩的课,教师在课前要花费非常多的工夫。

首先,微格教学让我熟悉了教学的基本流程。实践的过程是理论深化的过程,教学的基本流程只有在实践中不断加以练习才能熟烂于心。在课堂上,虽然老师们讲授了教学的导入、授新、提问、小结等环节的基本要求,也讲述了各个环节的注意事项,但是"纸上得来终觉浅,绝知此事要躬行"。在微格教学训练中,我不断重复试讲,教学的基本流程基本熟悉,已经不会忘记其中的某一部分,但要想各个部分都讲授精彩,还需要在试讲中不断完善教学设计。例如在某一堂课中我的导入设计是提问导入,但在试讲中却发现该问题存在漏洞,容易把学生思路引向别处,导致教学效果不佳,于是进行了修改。因此,通过反复试讲,不仅能掌握教学的基本流程,我还能变得更加了解自己,逐步开始尝试形成自己的教学风格,变得更有教师范儿了。

其次,微格教学让我懂得了教师的基本素养。在微格教学的过程中,我发现了自己存在的诸多问题,例如:口头禅过多、时常忘记写板书、讲授不清晰等问题。发现问题是一个很好的开端,因为这样才能弥补自身的不足。于是,在后期的试讲中我开始有意记忆讲课稿,控制自己的语速和口头禅;同时,关注板书、课件、知识讲解的有机结合,做到环环相扣。教学过程并非上讲台的那几十分钟,课前的准备、课后的反思也非常重要。在微格教室中,我常常记录下自己的讲课瞬间,在回放中不断思考,懂得了作为一名合格的教师应该具备什么样的基本素质。如:教学语言要简练,重点要突出,口述语言和体态语言都要得体;教案撰写要精彩、重难点要突出,教案的呈现还要有好的导入,于课堂之始吸引学生注意力;提问要注重艺术,所提问题要考虑教学内容、授课对象和教学目的等,并非随意提问;板书要简洁大方,粉笔字书写要优美可看。当然,教师的基本素养还有很多,这只是我在微格教学中领悟到的一小部分,教学时教时新,作为教师也要不断提升、更新自身的基本素养,做到无愧于学生。

最后，微格教学还让我体会到教师之路，道阻且长。打磨好一堂课并非易事，需要有扎实的基本功和出彩的亮点，教好学生的这"一碗水"，作为准教师的我们必须有"一河水"，不积跬步无以至千里，成为一名优秀教师的路途必定是艰辛和充满磨砺的，但只要坚定教师的初心，就一定会不断成长为一名优秀的教师。

教学有法，但无定法，贵在得法
——记小组试讲训练反思

训练师范生讲课能力的有效方法之一就是组织小组试讲，在实习期间我们小队组织了多次小组试讲。虽然试讲是一个比较艰辛的过程，需要一遍遍练习，但同时这也是一个成长的过程，由刚开始的思路不清、口词混乱到后来的逻辑清晰、讲解流畅，经过每一阶段认真练习我们都有了质的飞跃。通过将近一学期的小组试讲，让我感触颇多，我也明白了一个重要的道理：教学有法，但无定法，贵在得法。教育是一项心灵工程，它的实施者——教师是富于情感和智慧、想象力与创造力的人类，每位老师都有自己的教学风格和感悟，于我而言，从小组试讲中我不断总结反思，体会如下：

一、讲好知识，从而满足学生认知需求

基于需求层次理论，关键的是要满足学生们的认知需求，以形成稳定有效的学习动机。在刚开始试讲的时候，我总是想要一股脑儿地把知识全部告诉学生，一堂课总想着将设计好的知识点全部讲授完毕，但却忽视了台下坐着的同学们的回应和思考，在一些问题的交流中，往往会因为迫于教学进度而没有抓住深层次资源。在后期的反思和与指导老师的交流中，我逐渐明白教师在讲知识的时候要注意由浅入深、由易到难，遵循最近发展区理论，让学生能够自己摘到桃子吃，增加他们的成就感和自信心。尤其注意，在课堂上不要一下子给学生提超出知识范围的问题，也不要以自己能够理解的角度揣测学生也能很容易就明白，要学会站在学生的角度思考问题，找出他们的疑惑点和易错点，将其带入正轨，要不然学生很容易因为一个知识点没有听懂就影响后面知识的学习，牵一发而动全身，甚至后期由于学不懂而产生厌倦心理。在与学生沟通的过程中，我也发现，现在的孩子喜欢新事物，我们教师要跟上学生的步伐，了解他们喜欢的东西，同时也要增强自身知识储备，拓宽知识面，让学生信服老师，信任老师。

二、言语体态得体，学生得到尊重和理解

教师在课堂中是学生关注的对象，教师的语言、体态能够影响学生对教师的看法。这包括教师对学生回答问题后的评价语言、教师提问语言、教师讲解的语言以及课堂上的动作。教师在讲课当中，要走下讲台与学生互动，在聆听学生回答的时候尽量走到他们身边，给予关注，但不要太靠近学生以免给他们增加压力。同时，在课堂中教师尽量不要以"同学们不要讲话了""安静""××同学在干什么"等语句打断课堂节奏，会干扰学生思考和继续学习的欲望。如果有需要提醒的，教师可以通过音调的起伏、眼神给予学生示意，或者在讲课中看似不经意走到需要提醒的学生面前，总之就是尽量不要影响到其他学生。

在一次试讲中,台上有一把戒尺,用于维持纪律,我发现如果口头上说"请同学们安静",有的同学会无动于衷,但是当我拿起戒尺挥动的时候,同学们会有意识地保持安静,但是也容易形成过于沉默的现象,因为学生印象中戒尺是用来打人的,他们害怕被惩罚,从而更倾向于保持沉默来寻求安全地带,所以教师要慎用戒尺,转变学生心目中教师的形象,运用得体的口头语言、体态语言吸引学生注意力,维持学习动机。

三、彰显教师个人魅力,帮助学生感悟成就

教师的个人魅力多种多样,每个人都有自身的闪光点。有的老师可能博学多才、口若悬河,有的老师温柔亲切、娓娓道来,有的老师善于管理、与学生打成一片,还有的老师出题经典、知识点传达准确,等等。教师要善于抓住学生的心理,让学生敬佩教师,可能是某一个点,可能是某一个面,学生往往会因为教师的某项特质而喜欢上某一学科,从而持续性地向前发展。无论怎样,教师要善于利用学生对老师的关注,引导学生树立正确合理的目标,找到努力和学习进步的方向,推动学生在追求目标的过程中获得满足感和成就感。在试讲的过程中,小组其他同学展现出了各自的个人魅力,这很容易引发下意识地模仿,但在模仿的过程中我渐渐发现并非所有的教学方法对于每一个老师都适用,有的时候甚至容易出现失去自己的教学风格。因此,教师的个人魅力要从自身出发,要善于寻找自己的闪光点,找到属于自己的教学法。

在小组试讲过程中有艰辛,但更多的是收获和成长,我们在相互交流中进步,在相互评课中锻炼技能,相信在不断的试讲打磨下,我们都能不断前进,向着一名优秀的教师前行。

学为人师,躬行实践
——第九届"华文杯"讲课比赛教学反思

一、初识华文杯

当我确定成为"华文杯"参赛组队员的时候是在 2019 年 6 月 12 日,接到这个消息,我心里真是激动万分,但同时也非常忐忑。就是在这样的心情下,我与老师同学开启了为期三个多月的"华文杯"参赛之旅,同时在这三个月内也塑造了更好的自己。

参加比赛之前历经两个阶段的培训,首先是教学设计的培训,主要集中在六、七月。

在这段时间里,我们每个人先各自进行教学片段选择和初步撰写教案,自行思考设计完毕后再发送至指导老师处,由指导老师针对性地进行修改和提出建议。这个过程是师生交流和思维碰撞的时刻,能够让我们发现自己的不足,以便今后改正,这不仅是一时的问题,更是我们之后需要不断打磨和注意的。当我们的教案初步成型后,我们两两一组,先进行组内试讲,看看教案能否具有可行性,试讲出来有什么问题,再根据老师提出来的问题进行修改。随着时间的推进,我们在七月中旬开始了集体试讲,各位指导老师依次对我们的试讲进行针对性的点评,帮助我们一遍遍地完善教案。除此之外,我们几个参赛人员也自主进行试讲,相互提意见,共同成长。七月下旬,我们主要是对已经成型的教案进

行格式上的修改,在规定的表格里填写自己的教学设计以及设计意图。从教学设计的培训过程中,我收获了许多:教学设计导入要引人入胜,教学过程需要有环节意识,小结部分需要层层递进,而非陡然升华;除此之外就是要不断精练自己的语言和提问的方法。第二个阶段是教学技能培训,主要集中在八、九月份。

  这一阶段是将教学设计、说课、模拟授课整合起来的训练,目的是帮助我们迅速掌握和熟练比赛的过程,全程模拟比赛过程的高标准、严要求。每一次试讲过后,各位指导老师都会对我们的教案内容、体态语言和板书设计进行详细的点评。为了模拟授课,老师们还专门请师妹们前来配合,目的就是帮助我们从学生的角度思考教案的问题,同时也训练我们运用生成性资源的能力。在这个过程中,我们就是在不断试讲,不断与同学们的交流中,不断完善自己。在讲课中,老师们指出了我很多自己平时根本没有注意到的问题,比如声音全程在中高音一个声线,没有过多的起伏和转变,容易让人听着累;还有体态语言僵硬,不自然;讲重点的时候要回到讲台;等等。细节决定成败,就是在一遍遍的打磨中我们逐渐收获了自信和勇气。

  二、感悟华文杯

  一堂课的打磨不是一朝一夕就可以完成的,也许是猛然的灵感,抑或是思考了无数个夜晚后感悟的真理。毫无疑问,备课是漫长的,但每一次突破都是质的飞跃。还记得我们赶赴内蒙古参加比赛时,长长的绿皮火车驰骋在呼和浩特到乌兰察布的草原上,指导老师有一句话"教案里一些可有可无的话要全部删掉"令我记忆犹新,多次试讲的经验不断启示我要学会精简,要舍得删减。我想,在"华文杯"的备课过程中,在不断的精修中,我有一种从负重前行到精简行囊的从容感和舒适感。

  讲好一堂课,教师必备素养有很多,参加"华文杯"的过程中,我有很多收获,但同时也明白了自己的诸多不足。如:对于新课程理念的把握不到位、对《新课标》的理解不深刻,对于相关讲话的熟悉度不足;在问题设置上还要更加凝练、精准;在与同学们的试讲过程中,我发现很多时候都是老师在指出问题,而我们自身发现问题的能力却很欠缺,评课的能力也不够,这反映出我们对于什么是一堂好课的标准没有厘清,缺乏教学反思和总结,也缺乏经验,自己的创新能力不足等。

  "华文杯"虽已结束,但参加"华文杯"这次宝贵的经历,是终点也是新的起点,知不足然后奋勇向前,这次比赛是我们人生中重要的经历,活到老学到老,教师之路必定是不断学习、不断成长的过程,为此我们要不断增强自己的教师专业素养,不断积淀,不断成长。

  (三)观看教学录像

  在模拟教学的微格教学活动中,特别适合采用教学录像反思法。通过微格教室的设备录制自己的课堂教学实况,在课后可以"旁观者"的身份观看自己的教学录像,并客观地评价自己的教学活动。这种反思法也可以用于小组试讲和讲课比赛。录制的讲课视频,可以在模拟教学阶段多次使用,反复进行揣摩分析,将会大大增加模拟教学反思的针对性和实效性。

(四)交流讨论

在模拟教学阶段,进行模拟教学的学生和指导老师之间的交流讨论是模拟教学反思的一种重要方式。微格教学、小组试讲、讲课比赛等模拟教学形式都离不开教师之间、学生之间、教师与学生之间的交流讨论。交流讨论反思是通过教育专家、学生、指导教师和师兄、师姐之间的交流对话来进行的指导性反思、自我反思和小组内的反思,这样能够集思广益,增强反思效果。教育专家、评委、指导教师,以及师兄、师姐等具有丰富的理论知识和教学经验,他们提出的意见往往对教学具有很强的指导性。聆听不同的意见,可以促进执教者借助集体的智慧,进行更为深刻、更为全面的反思。为此,我们在模拟教学阶段一定要和讲课比赛的专家、老师、小组内的同学多多交流讨论,通过专家、教师的指导和同学的帮助,使自己能够正确地分析和解决问题,做到取人之长,补己之短,快速成长。

除了以上几种教学反思的方式,说课、教学研究等反思方式也是模拟教学反思的可选方式,在具体的教学实践中,我们可以根据实际情况选择合适的反思方式。

第五章

教学实习训练

历经教育见习和模拟教学后,师范生对教学实践有了初步了解,想要尽快地提升教学技能,就要深入到真实的课堂教学中。在实际的课堂教学训练中,教师有针对性的指导尤其重要,能够让学生快速认识到自身的不足并有的放矢地进行训练,从而加深师范生对教师职业的理解和对学生的了解,培养师范生对教师职业的热爱之情和对学生的关爱之情,并从整体上提高教学技能,进而树立从事教师职业的坚定信心,为适应未来的教学工作打下基础。

第一节　教学实习的准备

教学实习要有备而来,做好实习前的准备有利于教学实习的顺利开展。在教学实习之前,尤其要做好仪表、心理、生活和教学几个方面的准备。

一、仪表准备

在成为实习教师之前,应该逐渐塑造自己的教师形象和培养自己的教师气质,首要的是从外在的仪表上美化自己。

实习教师给学生的第一印象对日后的教学活动起着重要作用。学生会根据对实习教师的第一印象来初步衡量他们对实习教师的喜欢程度。所以,实习教师在走入教室之前要重视自己的仪表形象。

苏联教育家马卡连柯说过:"教育机关中的教师和其他工作人员,都必须衣服整洁,头发和胡须要弄得像样,鞋袜干净,双手清洁,修好手指和备好手帕。"着装、发型、配饰等都是仪表的重要方面,要注意得体。教师的服饰等要适合自己的职业特征。衣服款式选择上衣有领有袖,或两者必有其一的款式,夏季不穿过于暴露、紧身或过短的衣服;衣服颜色尽量根据自己的体型选择合适的颜色,如体胖穿深色、竖纹衣服,体瘦穿色彩明亮的浅色衣服;女生不穿超过5厘米的高跟鞋。发型要自然大方。不做流行夸张的发型、不染彩发;不在头发上佩戴过多的装饰物,不留长刘海儿。不佩戴夸张的项链、手镯、手链、耳环,不戴有色眼镜,不涂指甲油。

二、心理准备

实习教师的心理状态直接影响着实习效果。作为实习教师,在实习前,需要不断调适自己的心态:一是要做好角色转变与切换的心理准备。身份上要从学生转变为教师,克服胆怯心理,从心理上调整自己的言行举止。在心理调适的过程中,正确认识自己的角色和地位,以教师的角色和身份与学生相处,以学习者的角色与指导老师相处。二是做好吃苦耐劳的心理准备。与大学的各种条件相比,有些实习学校的生活条件和教学条件可能比较艰苦和落后,实习过程中可能会出现一些不如意的状况,实习教师要有心理准备,切忌抱怨或与其他实习学校的同学作无用的比较,而是要根据具体的实习环境积极调整自己的心态,积极适应实习环境;同时,要积极主动地参加教学实习的各项活动,充实自己的实习生活而不要把实习当作"打酱油"。三是做好不断成长的心理准备。实习过程中会遇到很多在校学习期间没有遇到或预料到的事情,面对这类事情要积极想办法解决,切忌因迷茫或受挫而产生消极情绪影响后续实习工作,要积极看待成长过程中的不足,在不足中寻找成长的契机,并努力弥补和改进。

三、生活准备

陌生的环境会给实习教师的生活和工作带来诸多不便,所以实习教师有必要在实习出发前做好相应的生活准备。

(一)备好生活用品

在实习前可以根据总实习时长准备好自己在整个实习期间的生活用品,最好整理一张用品清单(如表5-1所示),如在本校附近的中学实习时,只带够近期所需用品即可;在新疆、西藏等边疆地区顶岗实习时,要尽量备好整个实习期(半年或者一年)的所有物品。

表 5-1 实习所需生活用品清单

类 别	内 容
衣服鞋子类	正装、休闲运动装、睡衣、皮鞋、运动鞋、拖鞋、袜子、腰带等
床上用品类	被褥、枕头、席子、蚊帐等
日用品类	洗发水、沐浴露、洗衣粉、衣架、脸盆、毛巾、梳子、镜子、牙刷、牙膏、刷牙杯、护肤品、水杯、饭盒、汤匙、筷子、纸巾、水果刀等
药品类	创可贴、红花油等外用药;金嗓子等护嗓药;感冒药、肠胃药等
其他	生活费、证件、照片、手机、相机、充电器、雨伞、针线盒等

(二)了解生活环境

实习教师在出发前可以在网上查找实习学校所处的城市状况、交通状况和天气情况;了解实习学校的具体位置、校舍环境等信息。需要特别注意的是,如果是在新疆、西藏等少数民族地区的学校实习时,需要提前了解当地的风俗习惯(饮食习惯、传统着装、语言禁忌、民族节日)、宗教信仰与特色文化等信息。在抵达实习学校之后,尽早熟悉学校的办学特色(办学理念、校训、校风和教风等)和具体校舍环境,特别是宿舍楼的生活环境;此外,还要熟悉学校的周边环境(交通、超市、饭店、银行等),以方便日后的生活和工作。

四、教学准备

做好教学准备是教学实习的开端。在正式实习之前,实习教师应准备好各种教学用品、教学实习时需要用到的素材和需要填写的材料,收集相关学科的课程改革现状、课程标准、教材、试题等材料,尽可能多地了解所教年级的整个教学状况,以便尽早进入正式实习状态。

(一)备好各种教学用品

教学实习期间,需要用到的有关教学用品如下表所示。

表 5-2　实习所需教学用品

类别	内容
文具类	笔记本、笔(黑笔、红笔、铅笔)、橡皮、文件夹等
教具类	作图工具、实验仪器、活动道具等
书籍类	课程标准、课本、教参、教辅、学科教学论相关教材、备课本、专业工具书等
设备类	电脑、U盘、数据线、耳机、插板、麦克风、电子笔等

(二)携带实习所用材料

实习出发前,还需要准备好实习期间所用的材料和实习结束后要填写的各种材料,具体包括:师范生实习要求、实习指导老师联系表、实习日志表、实习教案本和听课本、实习鉴定表、实习总结表、教学实习调研报告等。

(三)研究教学实习内容

提前研究教学实习内容有利于尽快进入教学实习状态,把握教学实习的重点。具体需要提前研究以下几个方面的内容。

1.了解课程改革的现状

关注教学改革动态才能走在教育教学前沿。新课改背景下的中小学教学突破了传统的教学方式,实习教师必须熟悉中小学的课程体系,并在把握课程体系的基础上,了解课程改革的结构与内容,按照课程改革要求去更新教学理念,转变教学方式,了解新的学校管理制度和教育评价制度,以便更好地适应新课改背景下的教育教学。

2.研究课程标准

课程标准是规定某一学科的课程性质、课程目标、内容标准、实施建议的教学指导性文件,它对教师的教学起着指明方向的作用。实习教师要认真研究课程标准,明确课程定位,掌握课程内容的安排意图,了解教学评价及实施建议,使自己的教学重点突出、难点易懂。

表 5-3　新课程标准的基本框架[以《普通高中思想政治课程标准(2017年版)》为例]

前言	修订工作的指导思想和基本原则
	修订的主要内容和变化
课程性质与基本理念	课程性质
	基本理念
学科核心素养与课程目标	学科核心素养
	课程目标
课程结构	设计依据
	结构
	学分与选课
课程内容	必修课程
	选择性必修课程
	选修课程
学业质量	学业质量内涵
	学业质量水平
	学业质量水平与考试评价的关系
实施建议	教学与评价建议
	学业水平考试命题建议
	教材编写建议
	对地方和学科实施本课程的建议
附录	

3.研究教材

研究教材主要包括研究宏观的教材体系和微观的某一节课。实习教师要先从整体上把握实习学科教材体系,研究教材的编写意图、组织结构,知道该学科所有教材由哪些模块或部分构成,各个模块的主要内容及其相互关系;接着具体研究所实习年级的某一本教材,先从整体上分析这本教材的体系,比如由哪些单元、课等组成,然后具体分析该课的逻辑体系,进而根据课程标准具体地研究某一节课的教学目标、教学重难点、教学方法等,这样才能吃透教材,把教材由"厚"变"薄",做好教情分析。

4.研究试题

试题练习是对学生学习效果的检验,试题研究能帮助教师更好地把握课程标准中不同层次的教学目标及考试要求。试题研究的内容主要包括:一是要研究试题的题型,即先弄清楚该门课程有哪些考试题型,接着梳理出不同题型的答题思路以及不同知识点的易考题型与答题技巧;二是要研究试题中的考点分布,即弄清楚教材知识点的重点、难点、常考点、易混易错点,以便在讲新课和复习课的过程中主次分明、重点突出;三是研究试题的难易和区分度,根据学生的得分状况,从整体上把握整张试卷的难易程度和学生的掌握程度。通过试题研究,实习教师能够在备课、上课中对不同层次知识点有更清晰的把握,也能够在课下辅导的过程中及时、有效地解答学生的问题。

5.研究学生特点

教学实习的效果很大程度上通过教学对象来体现,要想取得良好的教学效果就必须密切关注教学对象的特点。要想走进学生,实习教师就需要从他们的身心发展特点、知识基础和学习能力、生活经验等方面来深入研究,只有清楚学生状况,才能做好学情分析,进而开展有针对性的教学。

第二节 教学实习的内容

在经过充分的教学实习准备之后,实习教师开始真正踏上实习之路。那么,教学实习具体该实习什么呢?一般而言,教学实习主要围绕观课、备课、上课、评课四个方面展开。

一、观课

观课是指教学研究者带着明确的目的,凭借自身感官(如眼、耳、手、脑等)及有关辅助工具(观课量表,录音、录像设备等),直接从课堂情境中收集资料,并依据资料进行相应的优化教学的一种教学研究活动。实习教师在正式上课之前首先要进行一段时间的观课。观课是促进师范生提高专业素养、实现专业成长的首要环节。在教学实习过程中,师范生必须把自己当作一名学习者,以虚心的态度、欣赏的眼光去观课。

观课过程中,实习教师要做到"会观课""多观课",并清楚观哪些课、怎样去观课、观课该注意些什么。

(一)观课的范围

实习学校一般会规定实习教师的观课要达到一定时长和一定数量后才能上课。在有限的时间内,实习教师要多观课,可以观不同学段和不同年级的课、不同学科的课、不同教师的课、不同类型的课。除此之外,实习教师在正式上课以后,还可以观实习同伴的课。

一是多观不同学段和不同年级的课。一般而言,为便于管理,实习教师大多被在某一个年级或班级进行实行,但实习教师不要因此把自己囿于指定的年级,要多听其他年级的课。例如,在高一实习的同学,如果条件允许的话,一方面可以多听高二、高三的课,另一方面可以多听初中的课,而且要善于比较不同学段的教学理念、教学目标、教学方法等方面的不同。

二是多观不同学科的课。每所学校基本上都会有不同学科的公开课、示范课、赛课,实习教师不要把自己局限在本学科内听课,可以多听听其他学科的课,一方面了解实习班级学生的其他课程内容,了解学生的知识基础掌握情况,另一方面借鉴其他学科的教学内容和方式,不断丰富和创新自己的教学活动。

三是多观不同教师的课。实习教师在观课时,除了观自己指导教师的课之外,也应多观其他不同教师的课。比如,由于自己的指导教师可能与其他教师的教学风格不同,即使在讲相同内容的课时可能采用的教学方式和教学方法也有不同,实习教师只有多观课、观不同的课才能体会出"同课异构"的味道,进而博采众长、为我所用。

四是多观不同类型的课。实习教师在大学的模拟教学中一般是讲新课,基本上很少涉及习题讲评课与复习课。因此,实习教师在实习学校的观课过程中,不能"偏好"观新课,而忽视观习题讲评课和复习课。只有观好不同类型的课,才能更全面地学习到教师的课堂教学技能。

五是多观实习同伴的课。在实习中后期,实习教师陆陆续续走上讲台,实习教师需要多观其他实习教师的课,这样既可以学习其他实习教师的优势,也可以发现实习教师上课中存在的共性问题,从而不断改进和提高自身的教学技能。

(二)观课的内容

实习教师在观课中要综合运用自己的眼、耳、手、脑等感官,通过"听、看、记、思"来观教师、观学生、观班级,并把具体内容写在听课记录本上。

1.观教师

观教师即观察教师在课堂教学过程中的各个方面,具体包括:其一,观教学设计。"观教学设计"是指通过观看课堂教学活动和聆听教师的讲解,看其整体教学思路的设计、教学目标的设定、教学过程的展开、教学策略与教学方法的运用、教学媒体的选择等是否恰当,记录并思考其如何处理教材内容与教学内容,如何设计问题与过渡衔接,如何设计板书等。其二,观教学组织。"观教学组织"主要看教师怎样围绕教学设计实施教学活动,看其在导入新课、创设教学情境之后,怎样调动学生参与教学活动,又怎样组织学生开展各种活动,怎样调控和驾驭课堂,怎样将各个教学环节环环相扣等。其三,观基本素质和教学风格。"观基本素质"主要是观看教师的精神状态(亲和力和感染力)、教姿教态、普通话、板书、对突发事件的处理情况等;"观教学风格"主要是观看不同教师的教学亮点和教学特色,比如,逻辑性强的教学设计、独具风格的教学方法、幽默的教学语言等。其四,观教师的教学理念。"观教师的教学理念"是指通过观看讲课者的教学设计与实施,来思考教师所秉持的教学理念以及这些教学理念是否凸显了新课标的要求,是否突出了教师的主导作用和学生的主体地位等。

2.观学生

教师教学效果如何主要通过学生的学习效果来反映,可通过观察学生的学习状态、学习行为和学习习惯来观课。

其一,观学生的学习状态。良好的学习状态应包括浓厚的学习兴趣、积极的学习态度、明确的学习目标、灵活的学习方式、愉悦的学习过程等,在课堂学习中主要表现为:学生积极主动参与课堂教学活动,注意力集中,无做小动作或心不在焉的情况,学生能紧跟教师的思路,与教学环节的推进相合拍,能够领会教学重点并做出反馈等。其二,观学生的学习行为。观察学生的学习行为具体包括观察学生的反应能力、理解能力、记忆能力、实际动手参与能力、创造性思维能力、分析问题和解决问题的能力,以及对知识的内化和迁移能力是否有所提高,能否对所学知识点举一反三、灵活运用等。其三,观学生的学习习惯。主要是观察学生在日常学习过程中,能否在课前自觉准备下一课的课本和其他学习资料,能否在课上保持良好的课堂秩序,能否在课后主动、独立地完成课后习题等。

3.观班级

观班级主要是观班风、学风。班级观摩虽然不是观课的重点,但班风、学风也直接影响着教师的课堂教学效果。大多数教师喜欢到班风好的班级上课,而对班风不好的班级感到头疼,因此有必要对班风、学风进行观察。主要是观察班级整体的学习氛围,班级学习小组的分组情况,课堂上学生参与活动的活跃程度,班级不同学习水平学生之间是否团结、互助等。

(三)观课的注意事项

观课是实习教师提高自身授课水平和能力的一种重要途径,在观课过程中应注意以下事项。

1.观课前要做好准备工作

观课前的准备工作是提高观课实效的重要环节,实习教师要做好观课前的准备工作。一是知识准备。观课前要知晓讲课者所用的教材和所讲内容,熟悉教材内容,以便在教学方法的选择、教学活动的组织、教学问题的解决等方面进行预设,初步完成相应教学内容的教学设计,以便在观课时进行有效的对比与思考。二是信息准备。在观课前要对上课教师和学生的情况有基本了解,如了解教师的教学风格、教学特色、教学成果等,以及了解班级学生的学习水平、学习能力与学习态度。三是物质准备。在观课前,要带好相应的观察量表(可选择已有的观察量表,也可自行设计具有特色的观察量表),带好课本、听课记录本以及授课者课前发放的学习资料,若不影响教学效果还可携带录音笔、摄像设备等。

2.观课前要经授课者允许

作为实习教师,在观课前要征得授课者的同意,不经授课者同意最好不要临时推门进入教室听课,不经授课者同意也不能拷贝讲课的课件资料。观课时不做影响授课者授课的事。

3.要以教师的角色观课而非学生的角色观课

实习教师在课堂上观课时,要从教师的角度来观摩课堂,翔实记录教学状况并进行梳理总结与自我反思,不能像学生一样在授课者讲课时积极参与教学活动。

4.不要忽视课后的集体研讨会

集体观课结束后,一般会对观课的情况进行集体讨论。实习教师也应积极参与集体研讨会,一是听授课教师讲自己是如何进行教学设计和教学反思的;二是听其他同行或专家的评价。只有多听、多看、多记、多想、多悟,才能快速成长。

二、备课

备课是教师上好课的关键。要想备好课,就要明确上课的主题、钻研课标、研读教材、了解学情、制订教学目标、选择教学方法、设计教学过程、编写教案和制作课件等。

(一)备课内容

新课程改革对教师的备课提出了更高要求。针对具体某一节课而言,备课主要包括以下几个方面。

1.备学生

教师不仅要关注自己怎么讲,更要关注学生怎么想,只有基于学生的学情才能进行有针对性的教学。实习教师备学生,首先就要了解学生。了解班级的基本情况,了解学生的身心发展、认知水平、能力素质和生活经历,了解不同学生的差异等。其次,要知晓学生的知识基础,预测学生对老师要讲内容的接受程度,了解学生易于接受教学内容的方式方法等。

2.备教材

教材是教学的依据,备教材就是要充分挖掘和利用教材。首先,精读教材。通过找出关键词、重点句来提取教材的核心内容,据此处理本节课的基本知识框架。其次,转化教材。把教材中书面化的知识点用通俗易懂的话语体系表达出来,实现教材体系向教学体系的转化,做到"用教材教"而不是"教教材"。再次,补充教材。教材是根据课程标准编写的,但时代发展较快,现有的教材可能跟不上当前社会的变化,因此,实习教师在备课时,还要将当前发生的重大事件、热点事件、最新观点等内容进行整理和加工,有效地补充到教学过程中去,做到"源于教材、超越教材";另外,还可以多看看教辅资料,基于学生的兴趣和学习需求丰富相关知识点。

3.备教法

教学方法是教师借以传授知识的方式和手段。教学方法的选择和运用是教师必备的素质,也是实习教师实习的重要内容之一。教学有法,但无定法,贵在得法。在备课时,实习教师要熟悉各种不同的教学方法,并有意识地根据不同的教学目标、教学内容及学生情况选择最合适的教学方法。同时,在选择教学方法时,还要符合新课标所倡导的教学理念,选择能够调动学生主体性、启发学生思考的方法,如自主探究、合作探究、讨论法、议题式教学等,甚至要因人而异为不同学生设计不同的教学方法。

(二)备课方式

备课是精心设计教学系统的过程,需要写好学期(学年)教学进度计划、单元计划、课时计划三种计划,一般有个人备课和集体备课两种方式。

1.个人备课

个人备课是指授课者根据课标、教材、学情等独立进行的教学设计活动。实习教师备课时先要认真钻研教材,了解学生,然后根据教学目标和教学重难点进行教学设计,最后制作课件。个人备课有利于体现个人在教学上的特色,可尽量根据自己的教学风格和班级实情来备课。

> **温馨提示**
>
> 实习教师在备课过程中,可在以下网站查找课件、试题等资源:国家精品课程资源网、中学学科网、为您服务教育网、学优中考网、学优高考网、学优题库等。

2.集体备课

集体备课主要是以教研组为单位,组织教师在集中的时间段内针对学期、单元、课时的教学内容,集中制订学科教学计划、分解备课任务、反馈教学实践的系列活动。一般而言,先由主备课人进行说课和试讲,然后其他教师在原有教学设计的基础上提出修改意见或重新进行教学设计,通过集体的磨课,打造高质量的教学设计。集体备课有利于各抒己见,汇集集体智慧,帮助实习教师快速成长。

不论是个人备课还是集体备课,最终都要形成一份教案作为课堂教学的依据。教案既要有完整的格式,又要能详细呈现课堂教学的过程(见案例1)。

"消费及其类型"教学设计案例

本案例获奖情况:重庆市高中优质课大赛一等奖

姓名:富新泉

所教年级:高一年级

选用教材:《思想政治1　经济生活》(人教版)

课型:合作探究课

课时:一课时

一、教材分析

(一)教材地位与作用:"消费及其类型"是《思想政治1　经济生活》第三课"多彩的消费"第一节第一框题。它是本课基本观点的基石,学生们在此之前已经学习了"神奇的货币"和"多变的价格",学习了怎样进行货币与商品的交换,现在就进入本单元最后一环,即怎么去消费。这既为下一框题"树立正确的消费观"起到引领和导入作用,又为"第二单元 学习生产"做准备,在全书中起着承上启下的过渡作用。同时,消费是最贴近我们生活的经济现象,从消费入手有利于我们的教学更贴近学生的生活,对提高学生参与经济生活的能力有重要作用。

(二)教学内容:影响消费的因素、恩格尔系数与消费水平的关系、消费结构、如何提高消费水平、消费类型等。

(三)教学重难点:

教学重点:影响消费的因素、消费类型。

教学难点:消费结构的含义、影响因素及变化规律。

二、学情分析

高一学生对经济生活的内容很感兴趣,对经济生活中的现象有一定程度的关注和了解,上网收集资料的习惯正慢慢养成,动手能力也在不断提高,有利于教学活动的开展。我校学生大部分来自重庆主城区,信息量大,知识面宽,但缺少对现象本质的深刻分析,而且建构学科知识与生活现象、理论逻辑与生活逻辑有机结合的能力仍有待提高。

三、教学目标

知识目标:识记和理解影响消费的因素;了解消费类型的几种不同分类,特别是钱货两清消费、贷款消费和租赁消费方式的区别;了解消费结构变化的趋势以及恩格尔系数变化的意义。

能力目标:引导学生把模糊的感性认识上升到理论的高度,学会从多角度去分析影响消费的因素。了解我国消费结构的变化趋势,可以增强学生关注现实生活和参与实践的能力。

情感、态度、价值观目标:引导学生通过对具体案例的分析和知识的掌握,结合我国恩格尔系数走势的分析,激发学生热爱生活的情感,增强民族自豪感。

四、教学方法

(一)情境教学法。运用丰富的视频、图片、资料等为学生创设生动直观的教学情境,使学生产生认知冲突,教师则引导学生通过自主活动去解决认识发展的不平衡,启迪学生思维,培养学生的问题意识。

(二)合作探究法。以学生为主体,使学生的独立探索能力得到充分的发挥,培养学生的自学能力、思维能力、活动组织能力。

(三)讨论法。针对提出的问题,组织学生进行讨论,促使学生学会在学习中解决问题。

(四)图示法。通过图示直观、简单的展示,可以培养学生的思维能力。

五、教学工具

多媒体、黑板。

六、教学过程(详案)

[开篇导入]

重庆,是一个有故事的地方。而在重庆生活的我,也是一个有故事的人,今天我想通过我的故事和同学们一起学习第三课"多彩的消费"第一框题"消费及其类型",请翻到课本第17页。

[情境展示]

师:我是一个普通的农家子弟,靠着自己的努力,点点滴滴的积累,终于,在重庆市区有了一套属于自己的房子,一份属于自己的事业,想想过去,我很感慨。奋斗的岁月让我懂得了生活的艰辛,学会了精打细算。我有一个好习惯:记账。小时候用小账本记,现在在网络上有一个电子账本,既提醒自己不能胡乱花钱,更是对人生的一种记录与反思。

师:想看看我的账单吗?想知道我的生活怎么样吗?

多媒体展示:(晒一晒)2016年9月账单。

【自主学习】

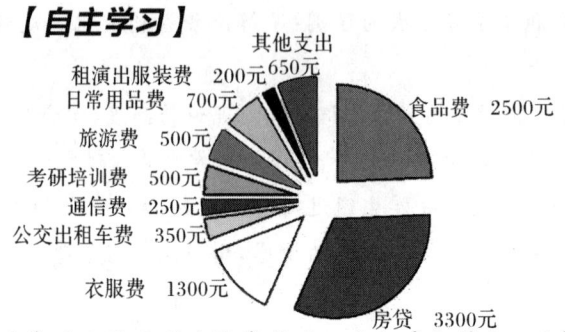

其他支出 650元
租演出服装费 200元
日常用品费 700元
旅游费 500元
考研培训费 500元
通信费 250元
公交出租车费 350元
衣服费 1300元
食品费 2500元
房贷 3300元

老师提问：上述消费项目涉及哪些消费类型？它们有何特点？（建议：求助课本）
（板书消费类型，学生回答，教师倾听，适时点拨。）

多媒体展示：消费的类型。

钱货两清消费	所有权和使用权即刻发生转移
贷款消费	预支未来收入进行消费，所有权逐步转移，使用权即刻转移
租赁消费	不变更所有权，只获得使用权

划分依据	类型	特点
消费对象	有形商品消费	对有形商品的消费
	劳务消费	消费的是服务
消费目的	生存资料消费	满足较低层次衣食住行需要（重在解决低层次生活需要）
	发展资料消费	追求身心愉悦和发展全面（重在提高素质）
	享受资料消费	追求身心愉悦和发展全面（重在身心愉悦）

提升：通过我的账单，大家了解了消费的类型。值得我们注意的是，某一消费项目与消费类型往往不是一一对应的关系，同一消费项目可能涉及多种消费类型。比如食品支出，如果是用于家庭柴米油盐等满足最基本生活需要的，那就属于生存资料消费；但如果是吃牛排呢，那就属于享受资料消费。如果从消费的对象来分，那就是有形商品消费。如果是按我们最常见的消费类型来划分，也有可能是钱货两清的消费。其他项目皆是这种情况，请大家务必注意。

（过渡）好，了解了消费类型后，请大家把目光再次聚焦我的账单。你觉得我的生活状况怎样啊？

多媒体展示：2016年9月账单。

学生回答预设：很不错啊；好滋润啊……

师：对现状，我是很满意的，虽然也很紧张，但我能够有今天，很不容易。但想想他，我的心里更是感慨啊！

多媒体展示：与堂哥合影图片。

师：他是我的堂哥，小时候，我天天跟着他，那时的他就是我的依靠！他今年36岁，小孩子也8岁了。他初中没毕业就辍学了，现在一家汽车修理厂打工，月收入大约2000元。嫂子是家庭主妇,没什么收入来源。每次回老家,我都会去看望堂哥一家人,他家的情况我十分了解。今天,我也来晒一晒堂哥家的账单。

多媒体展示:堂哥的账单,两个消费结构图的比较。

堂哥家2016年9月账单

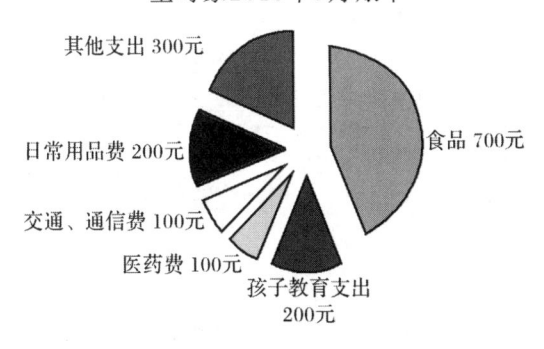

其他支出 300元
食品 700元
日常用品费 200元
交通、通信费 100元
医药费 100元
孩子教育支出 200元

消费结构比较

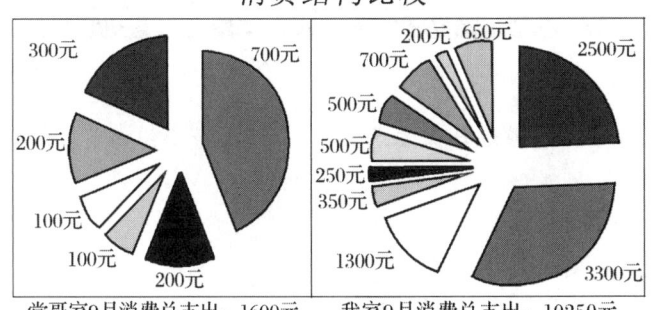

堂哥家9月消费总支出:1600元　　我家9月消费总支出:10250元

追问:从两份账单的比较中,你看到了什么?

学生回答预设:总量多、种类多、水平高、恩格尔系数低。

追问一:什么是恩格尔系数?

学生:恩格尔系数指的是食品支出占家庭总支出的比重。

师:反映各类消费支出在消费总支出中所占的比重,其实就是消费结构。而恩格尔系数是反映消费结构变化的重要指标。

追问二:恩格尔系数低意味着什么?

学生:生活水平提高,消费结构改善。

追问三:为什么?

预设:居民有更多的资金安排在交通通信、休闲娱乐、教育培训等方面的支出,也就意味着生活水平就越高。相反,如果食品支出占家庭总支出的比重越大,意味着生活水平越低。

老师通过三个追问总结出:恩格尔系数减小,通常表明人们生活水平提高,消费结构改善。

(过渡)

我刚刚升级当爸爸,养一个孩子那可是要一大笔的支出,光奶粉每月就要接近1500元。但车又是很需要的,特别是有宝宝了!

我是多么希望通过买车,来改善自己的消费结构,进而进一步提升消费水平,享受更高品质的生活啊!

今天在这里,正好请同学们帮帮我,帮我出谋划策。

多媒体展示:家庭生活基本情况(收入、支出、节余)。

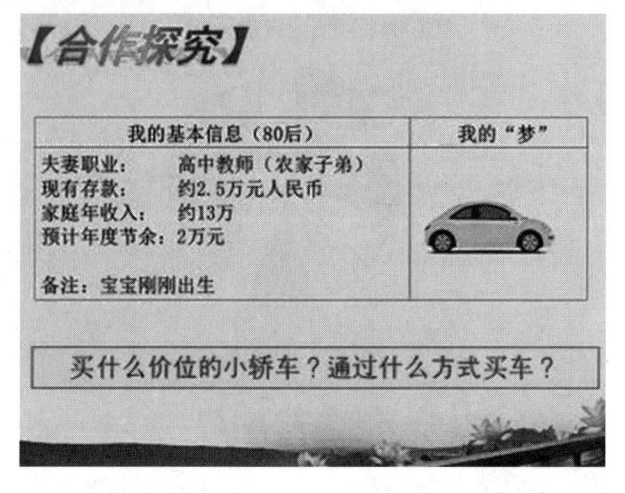

【合作探究】

我的基本信息(80后)		我的"梦"
夫妻职业:	高中教师(农家子弟)	
现有存款:	约2.5万元人民币	
家庭年收入:	约13万	
预计年度节余:2万元		
备注:宝宝刚刚出生		

买什么价位的小轿车?通过什么方式买车?

[合作探究]

买什么价位的小轿车?通过什么方式买车?(请4个小组回答,注意生生评价)

学生回答预设:

(1)买QQ车、奥拓车。

追问:你为什么建议我买QQ、奥拓?

预设:你没钱啊!想买也买不起!(口袋没钱)

小结:确实,你道出了我心中的苦啊,我纠结!

(2)贷款买车,贷100万买辆越野车。

生生评价:你觉得这个方案可行吗?为什么?

预设:你还不起贷款呀!

师:我们可以算一算的,一般车贷的时限是3~5年。如果我贷100万,我一个月要还多少?我还要吃饭啊,同学们!(学生笑)这不是一个理性的选择!

(3)贷款买车,贷10万买一辆家用车。

追问:为什么建议我贷款买车?

预设:又想买好一点儿的车,又一下子拿不出那么多钱,只好贷款。(一次性付款有困难)

再请另外一位学生回答:你同意他的观点吗?

追问:为什么我敢选择贷款?

预设:你有固定的工作,有稳定的收入。(而且对自己将来的预期收入非常乐观)

(4)买一辆二手车。

追问:你为什么建议我买二手车?

预设:一是因为你没有那么多的现金;二是因为二手车便宜。

师:看起来,像我这样收入的人也只能买这种便宜车了。对价格高、品质好的车,我也只能望车兴叹!多么希望车的价格能够有所下降!

追问:你认为车的价格会下降吗?

预设:会的,因为随着科技的进步,劳动生产率的提高,社会必要劳动时间减少,生产成本降低了。

师:车价下降,就有利于提高我的购买力,在相同收入的情况下,我就能享受到更高品质的车。期待那一天!

(5)其他方面省一点去买车。

提问学生:你们觉得这个方案怎么样?(怎么调整?)

师:压缩其他开支,调整消费结构,进而提高消费水平,改善生活品质。原来,要提高消费水平,我们还要合理安排不同消费类型间的比重,改善消费结构。

(小结)

谢谢同学们,大家很有思想!

有同学建议买QQ,有同学建议买二手车等,主要考虑到物价水平对消费水平的影响,以及我的当前可支配收入不高的情况。

也有同学建议通过贷款方式适当买好一点的车,这不仅是考虑到当前可支配收入不高的原因,更是基于对我未来收入有着一个比较乐观的预期,说明预期收入也影响到当前的消费水平。

综合这些因素的影响,经过慎重的考虑,在国庆节期间,我通过贷款方式买了一辆奇瑞瑞虎5汽车,13万左右。首付8万,月供1429元,共还款3年。

那天是10月7号,我把车开回堂哥家去了。堂哥很羡慕,直夸我了不起!

那天,我的心情特别好!而堂哥也特别高兴,因为他通过县政府组织的免费职业技能培训考了一个"汽车维修工中级证",再加上目前重庆的用工荒,老板答应给他每个月加500元工资。

真是替他高兴!可实在没想到他那么高兴。那天一起吃饭,他喝得醉醺醺的!说要给小孩子买衣服了,要改善生活了!

给我加500块钱,我当然也会高兴!但真的有那么高兴吗?

[自主探究]

在增加相同收入的情况下,为什么堂哥和我的感受会有如此大的反差呢?

学生回答预设:堂哥缺钱啊,500元当然很多了。你都有那么多工资了,再增加500元当然不算多。

追问一:对于像堂哥这样连温饱都难以保证的人来讲,增加的500元他主要是用于生活消费,还是存起来,或是做其他的投资呢?对他的生活影响大不大?

学生回答预设:存起来或者投资。

追问:他们最迫切需要解决的是什么问题?(大部分用于生存资料消费,发展资料消费、享受资料消费也可能会有所增加)

追问二:而对于那些富翁,生活已经过得很好了,增加的500元钱是用于生活消费,还是存起来,或者是做其他的投资?对他的生活影响大不大?

学生回答预设:投资(主要用于非消费领域)。

师：通过这么一个简单的推理,我们深知大力增加低收入者的收入,社会总体消费水平会有怎样的变化?(提高)

而如果低收入者收入增长缓慢,即便高收入者收入大幅度增长,对社会总体消费水平的影响会很大吗?(不会)

所以,社会总体消费水平与收入差距的大小有着密切的联系。

(小结)

影响消费水平的因素很多,其中最主要的就是居民的收入和物价总体水平。

(过渡)堂哥的消费水平之所以和我有如此大的差距,也是受到这些因素影响的。而同在这片蓝天下,又有多少的"堂哥"正在承受着生活的巨大压力!

我喜欢写博客,在博客中反思人生、反思社会,与博友进行交流学习。于是,我在博客中发了一篇题为"堂哥们,你们要挺住!"的帖子,赢得不少博友的跟帖,其中不少还是我的学生。

在帖子中,我将堂哥目前的生活现状做了介绍,并提出我的一些想法。

今天,我就节选帖子中的片段,与同学们进行交流。

媒体展示:博客"堂哥们,你们要挺住!"

同在蓝天下,不知有多少"堂哥"白发过早地爬上了鬓角。他们害怕家人生病,害怕企业倒闭,甚至害怕孩子读高中。维持家庭基本的生存,竟成了他们全力以赴的事情。

但他们总把焦虑放在心中,把乐观写在脸上,挺起脊梁,努力工作!

政府亦是千方百计谋发展,想尽办法促民生,精准扶贫政策多。

幸福就是点点滴滴的民生,民生就是百姓脸上的幸福!

同学们,当你看到这篇博文,或许也会打动你!这么一个努力与生活抗争的群体,一要靠其自身的坚强、努力,更需要政府的关注。结合本节课我们所学的知识,你会建议政府如何帮助他们提高生活水平?

师：老师在此处进行了情感、态度、价值观教育,德育特性展现充足。

[交流提升]:如果你是博友,你将如何跟帖?(政府如何帮助他们提高生活水平?)

学生回答：

(1)大力发展经济,特别是农村经济,提高农民的收入;

(2)健全社会保障制度,增加低收入者的收入;

(3)拓宽就业渠道,增加就业;

(4)国家要加大控制物价的力度;

(5)国家出台有关家电下乡的政策;

(6)提高最低工资标准,建立工资正常增长机制;

(7)利用税收的手段调整收入分配格局。

(学生回答,老师及时点评,将话题引到影响消费水平的主要因素上来。)

(小结)

大家的跟帖不仅精彩,更是让我看到了堂哥们的希望!

同学们提到的很多措施,其实政府已经在做。我们相信,通过政府的努力,随着我国经济的不断发展,堂哥们的收入将会大大的增长,收入差距也会得到有力的缓解,必将有力地促进社会总体消费水平的提高,我们这个社会将会更加和谐、幸福!

前几天碰到堂哥时,他说工资已经加了,小孩子读书费用也不高,一家人都参加了农村合作医疗保险。真为他们高兴!而我呢,开着自己的新车上班,努力工作,好好照顾宝宝!

故事讲到这里,课程也快要结束了。让我们一起回顾总结一下。(出示板书)

小结提升

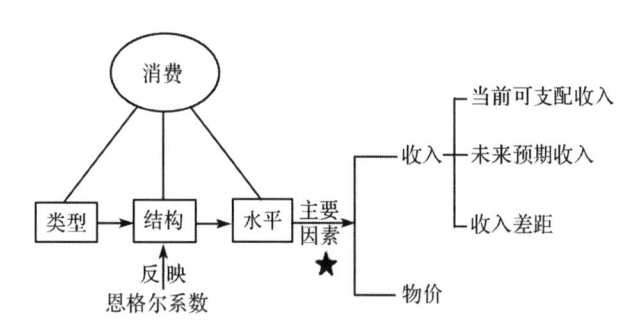

[小结提升]

今天,我们先从我的账单了解了消费类型,不同消费类型间的关系也就构成了消费结构。恩格尔系数是反映消费结构变化的重要指标,而消费结构也反映了消费水平。影响消费水平的因素很多,其中主要的是居民的收入和物价总体水平。这也是今天本节课的重点所在。下节课我们将从消费观的角度继续探讨消费的相关知识。

[课后探究]

请你根据自家的实际情况,谈谈你将如何进一步改善自家的消费结构。同时也请思考国家提出精准扶贫对消费带来的影响。同学们,一节课的时间是短暂的,但留给我们的思考却是深远的!最后,我想送同学们一份礼物——一段话,与同学们共勉。

[课堂诤言]

消费,一个让人难以回避的话题,一个让政府难于放弃的责任。

提收入、想预期、防物价,消费行为折射人生智慧;

谋发展、缩差距、促民生,政府决策彰显为民情怀。

七、板书设计:主板书(详案)

一、消费的类型

二、消费结构

三、影响消费水平的因素

1.居民收入(基础和前提)

(1)可支配收入;(2)未来收入预期;(3)社会收入差距

2.物价水平(影响)

3.其他影响因素

副板书:归纳总结学生的回答。

八、教学反思

新课程改革的核心理念之一是"一切为了学生",为了实现这一理念,教师在进行教学设计时就必须坚持"以学生为本"的设计思路。

(1)引导学生关注生活,教学设计中所选用的材料与学生生活、思想实际紧密相关。(新教材本身也是图文并茂、紧密联系生活实际的)本堂课就是将"故事"融入课堂,情节合理,取材真实,给学生真实而感性的经济生活。学生在两份账单的差异中感受到了收入、分配对生产、消费的影响,也分享着老师及堂哥在消费上的忧虑、心酸与喜悦。既有知识的学习,更有情感的体验和提升。

(2)教学过程也是从学生的需要和状况来设计的。教学设问基于学生现有的知识基础,设计环节流畅,情境过渡自然,合作探究开放,同时教学情节曲折回荡,扣人心弦,极大地增强了学生的兴趣,实现了情感、态度、价值观的统一。

(3)重视生活实践能力的提高。引导学生紧密结合与自己息息相关的生活,切实提高参与现代社会生活的能力。本课将博客引入课堂,意境深远,以跟帖的方式回答政府如何提高人民生活水平,同时以求助的方式请学生根据老师的收入状况选择哪种购买方式、选择哪种价位的汽车,很容易引起学生的学习兴趣。

(4)教材处理比较大气,不追求面面俱到,在尊重教材的基础上提升教材。在教材的整合过程中,以"生活逻辑"为主线,将理论逻辑与生活逻辑巧妙对接。在突出重点的同时突破难点,做到了深度挖掘与广度拓展的有机融合,体现了用教材教而不是教教材的要求。

(5)积极构建个性化的课堂,教育对象的差异性注定了教育不可能是无差别的教育。本堂课充分体现了老师的特色化教学,调控从容,驾驭自如,问题的精心创设与课堂动态生成恰到好处,也极大地发挥了学生的想象力和创造力。

存在的问题:(1)对教材的研读有待进一步深入。教师上课必须要尊重教材,能够读懂教材,准确把握教材,找准教材的重点、难点、教育点,理顺内在的逻辑关系,否则我们在教学中所用的资源、开展的学生活动就不能实现应有的价值。

(2)本堂课尽管创造性地使用了教材,但是依然对个别知识点的解读不深刻,比如对恩格尔系数的解读及我国恩格尔系数的走势等。

(3)重教学预设轻教学生成,学生部分知识的获得使人感觉刻意引导的痕迹过重。重感性体验轻理性提炼,引导学生通过活动体验获得了感性认识,但帮学生将感性认识内化提炼为理性认识方面感觉做得还不够好。

(三)备课后的说课与试讲

备课是说课的前提,实习教师个人备课之后,一般要经过自己或小组内部的说课和试讲来反复打磨教学设计,尽量使实习的每一节课都成为精品课。

1.说课

说课是指在自己备课的基础上,面向同行或者研究者,以口述的方式(可与课件相结合)来阐述自己的设计思路和设计意图,并与听者共同研讨和优化教学设计的研究过程。

说课一般包括说教材、说学情、说教学目标、说教法学法、说教学过程（教学环节的安排、教学时间的分配、教学板书的设计等）、说设计意图等，它的重点内容是说"教什么""怎么教""为什么这样教"。实习教师在课前说课，可以充分暴露自己的教学设计中存在的不足，以便指导教师和实习同伴提出改进意见帮助自己进步。

2.试讲

试讲是在备课之后、正式上课之前，授课教师单独或在指导教师、实习同伴面前对教学设计进行的模拟实践。试讲的目的，一方面是为了使自己更熟悉教学设计，同时发现教学设计中的不当之处；另一方面是为了暴露教学实施中可能存在的不足，让听者提出改进意见，以便进行完善。因此，在试讲时，不要死背教案，不要过度地压缩试讲时间，也不要因害怕出错而畏畏缩缩，而应像正常上课时，落落大方，把该有的教学环节一一呈现。

三、上课

在打磨好课到正式上台讲课前的一段时间，实习教师要准备好上课所需的教学用具，再次熟悉教案和课件，同时还要注意调整心理状态减缓紧张状况，对自己要有信心，相信自己能上好课；此外，学生实际的课堂反映可能远远超出教师的设想，会遇到各种状况，因此，实习教师在上课的过程中应注意以下问题。

（一）处理好预设与生成的关系

备课是对课堂教学的一种设想，上课则是将设想付诸实践。上课一般是按照备课设想的教学环节的先后顺序开展的，但是实际的教学状况会超出我们的教学设想，随机出现一些我们意想不到的状况，这就需要实习教师恰当处理教学预设与教学生成的关系。一是可以根据学生的回答情况，及时调整教学方法；二是善于运用教学机智，灵活处理课堂上的突发状况；三是可以通过时间把控，调整课堂教学进度。

例：一位实习教师在讲高一《经济生活》中"股票、债券和保险"一课时，他考虑到高中生与股票、债券和保险的实际接触不多，于是在备课时打算先让学生小组合作学习股票、债券、保险的基础知识，然后自己详细讲解重难点。课上，这位实习老师提出问题："同学们对股票了解多少？"他本来是想检测一下学生对书本上基础知识的学习情况，结果一个女生站起来滔滔不绝地回答道："股票有好多种呢，买股票的时候一定要看好再买，最近××股票在涨，××股票在跌，而且买股票有时赚得多，有时赚的少，有时还会赔本……"实习教师有点吃惊，一位高一女生居然对股票能够这么熟悉，一问才知道原来是受她爸爸炒股的影响。然后，实习教师循循善诱，总结归纳出了股票高收益、高风险的特点等。转变原有的教学预设，转而采用教师提问、学生结合生活经验和教材知识点的学习、教师通过归纳学生的回答梳理出本课的知识点。

总之，教师首先要有心理准备，正确看待教学中的生成性资源，意识到生成性资源出现的必然性；同时，当生成性资源出现时，及时抓住并加以合理引导和利用。

(二)做好课堂教学管理

做好课堂教学管理,可以从以下几个方面着手:一是提前说明课堂纪律。在一学期开始上课前,事先向学生说明课堂上应遵守的纪律与学习要求,提醒学生要自觉遵守课堂纪律,明确学习任务,并对违规违纪的学生进行相应的惩罚。二是设计好学生活动。根据学情来设计学生感兴趣的活动,能够调动学生主动参与课堂的积极性,让学生在课堂上"有事可做";可通过分组让学生进行小组合作学习与成果展示,让每一个学生尽可能地参与到课堂上来。三是组织好学生活动。实习教师在学生活动期间要多走下讲台,深入到学生小组中观察学生的分组学习进度,同时留意班上调皮捣蛋的学生,看他们是否在认真学习,如他们在课堂上玩耍、睡觉,可能会影响其他学生的正常学习,实习教师对此应及时加以制止,并将其引导到课堂教学活动中来,以营造良好的课堂学习氛围。

(三)把握好教学节奏

恰当的课堂节奏是上好一节课的法宝之一。课堂教学要突出重难点、处理好教师讲解与学生活动的关系,就要做到张弛有度。一是在教学进度上要把握好快慢。教学重难点的节奏要慢下来,甚至有必要重复和强调;非教学重难点的内容,教学节奏可适当加快。二是在教学时间上要把握好长短。一方面,在整节课的教学上把握好时间,既不拖堂也不提前下课;另一方面,在知识点的讲解上,面对重难点、易错易混点,学生学习、教师讲授需多花些时间,非教学重难点的地方少花一些时间。三是在教学活动上要把握节奏。教学活动在把握时间的基础上,既要适当放松又要紧张有序。

例:一位实习教师在讲"新时代的劳动者"一课时,讲到"就业难的原因"等课本中没有的知识点,实习教师根据学生的回答归纳出了就业难的几个原因,并让学生补充到课本的相应位置。然而,教师在让学生往课本上补充的时候,一遍遍催促学生"快点写,快点写……写完了没有……还没有写完?"最后实习教师话音刚落,学生一片嘟囔"催什么催!"实习教师有点儿尴尬。

此例中实习教师在处理教学内容的时候,忽视学生做笔记的情况,一味要求学生快点写,使整节课的教学节奏显得很紧张。

(四)珍惜与争取上课机会

实习机会来之不易,因此要珍惜每一次可以提升自身能力的机会。一是珍惜上课机会。在实习过程中要态度认真、身体力行,指导教师安排实习教师上课(班级上课、汇报课等)时,实习教师要积极主动地珍惜上课机会,而不是与其他实习同伴相互推诿;每次上课时,课前要精心备课,课上要认真上课,课后要积极反思并不断改进。二是争取上课机会。实习教师可能在班级正式上课的次数有限,一方面要积极争取上课的机会,除了争取上新课之外,尽量尝试着上复习课、讲评课等不同课型;另一方面,除了在本年级实习之外,争取去听听不同年级的课,然后尽量去上不同年级的课,去收获不同的体验。

例:某实习教师在高中阶段实习,所教科目为高中政治,平时主要在文科班上课,学生配合较好;指导教师让他同时在理科班上课,他在理科班上了一节课之后,发现理科班学生在上课时存在态度不认真、对实习老师不屑一顾等情况,他后来就不想去理科班上课了,导致实际的上课节数大大减少。本来该实习小组在实习学校教务处的安排下要去初中组实习,但该小组成员一致认为他们主要在高中实习,没必要再去初中实习,最后错失了在初中上课的良机。

四、评课

评课能力也是凸显教师综合素质的一个重要方面。一般而言,评课的过程就是对课堂教学的深入研究过程,它不仅评课堂教学的亮点,也要评课堂教学的不足。听别人怎样评课和怎样去评别人的课都是实习教师需要学习的地方,也就是要弄清楚"评什么"和"怎么评"。

(一)评课的内容

一堂课上得是否成功,要从课堂教学的方方面面来进行评价,一般而言,主要包括以下几个方面。

1.评教学设计

教学设计的好坏很大程度上影响着一堂课的好坏。评教学设计,第一,评教学思想。教学思想是一节课的灵魂,主要是从整堂课来看,包括它是否将新课改精神贯穿于整堂课的始终,它是否贯穿落实了课程标准。第二,评教学目标和教学重难点。主要看教师对教材的处理是否得当,教学目标是否全面、准确、切合学生实际,教学目标的实现程度如何等,教学重难点是如何突出、突破的等。第三,评教学过程。通过各个教学版块来分析其整堂课的教学思路是否新颖、独特,教学过程是否环环相扣、层层递进,各个教学环节的处置是否详略得当,环节之间的衔接过渡是否简洁、自然。第四,评教学方法。主要看其教学方法是否有创新、是否灵活多样、是否充分利用了现代化教学手段等。此外,还包括学法指导、教学时间把握情况等方面。

2.评教学基本功

教师的基本功展示着一个教师应有的基本素养,它是上好一节课的前提,良好的教学基本功无疑会为教师的形象加分。知识储备、随机应变能力、口头语、体态语、板书、课件等都体现着一个教师的基本功,此外,还可以观察教师的教学特点、教学风格以发掘教师的教学特色。

3.评教学效果

教学效果是衡量一节课是否精彩、是否成功的一项重要指标。具体可以从学生在课堂上的参与度,学生对学习目标的达成度,也即课堂氛围是否活跃、学习检测结果是否理想等方面来初步衡量教学效果的好坏。

表 5-5　重庆市某区中小学"学本式卓越课堂行动"部分学科公开课评价通用标准

学段学科：＿＿＿　上课教师：＿＿＿　课目名称：＿＿＿　评课时间：＿年＿月＿日　星期＿　第＿节　评课地点：＿＿＿　评委签名：＿＿＿

指标及权重		评价要点	评价结果			得分
			优良	合格	待合格	
教学目标(5分)		1.依据课程标准、教学内容、学生实际、社会需要并遵循整体性、科学性原则进行预设，站在学生角度进行表达并以恰当方式予以呈示；2.预设的知识与技能目标简明、具体、可操作、易操作、可检测、可行性、可操作性、阶段性；3.关注教学过程中的动态生成，并根据动态目标调整预设的教学思路和教学行为。	3＜A≤5	2＜A≤3	A≤2	
发展指标	教学过程(60分)	自学(10分)	生：1.明确自学目标任务；2.独立、专注、积极自学；3.初步理解自学内容并标注所发现的问题；4.自学时间充分。 师：1.创设具有真实性、趣味性、情感性的教学情境，激发学生的求知欲、好奇心；2.对自学学情进行调查，方法点拨和及时评价，确保学生能初步完成自学目标任务；3.督促和指导学生标注所发现的问题；4.合理调控自学时间。	3＜A≤5	2＜A≤3	A≤2	
		互助(20分)	生：1.学习小组成员分工明确，关系融洽；2.学习小组采用两人对学、组内互学、组间帮学等形式，协同解决自学中未解决的问题或共同的学习任务，并做好展示课前的充分准备；3.互学参与度高，无人做与学习无关的事（如出现，每人次扣1分）。 师：1.对互学进行学情调查、方法点拨和指导各学习小组做好展示学习内容、方式、时间安排；3.灵活调整预设的互学时间。	3＜A≤5	2＜A≤3	A≤2	
		展评(30分)	生：1.围绕核心问题及重难点知识，至少有2个小组展示（不合此要求，此项按最低档评分）；2.小组展示观点鲜明，内容有价值，有深度，有拓展，形式多样；3.学生展示分工明确，仪态大方，语言规范，声音洪亮；4.展示组展示时，非展示组认真倾听，小组之间有质疑对抗、思维碰撞；5.独立完成当堂检测，及时矫正错误问题；6.认真参与课堂小结，主动构建知识结构。	9＜A≤15	6＜A≤9	A≤6	
			6＜A≤10	4＜A≤6	A≤4	

续表

指标及权重		评价要点	评价结果			得分
			优良	合格	待合格	
发展指标	教学效果 (35分)	展评 (30分)	师:1.适时追问、点拨、启发、评价,力争使展示小组和非展示小组成员均处于积极学习状态,确保小组之间、生生之间、个人对子或小组间分享交流学习成果,围绕重难点进行自由展示,个人对子或小组间分享交流学习成果,围绕重难点知识和能力目标进行当堂检测,并及时反馈矫正,拓展学生思维的深度和广度;4.指导学生归纳总结,形成知识结构。	14＜A≤20	10＜A≤14	A≤10	
		表现 (15分)	1.教学过程体现"先学后导、互助展评",结构合理,张弛有度;2.师生关系民主和谐,教师教学方法灵活、适切、有效,学生主体作用发挥充分,课堂焕发出生命的活力;3.教师教态自然大方,普通话规范生动,板书简明美观,多媒体、教具等教学手段使用恰当自然;4.教师讲授时间上不超过15分钟。	9＜A≤15	6＜A≤9	A≤6	
		达标 (20分)	1.重难点知识落实到位,当堂检测或随机测评通过率高,有效达成知识与技能目标;2.不同程度的学生在过程与方法以及情感、态度、价值观等方面都获得发展。	14＜A≤20	10＜A≤14	A≤10	
	加分项目(5分)		1.互学参与度高,有效解决导学问题或难题,提出有价值的思路或方法,加2分;2.有3个及其以上小组展示、有效,教师追问及时,点拨到位,小组间有质疑对抗,思维碰撞,加2分;3.课堂整体特色鲜明,优质高效,加1分。	记要:			
	专业知识		□有无学科知识错误。	记要:			
红线指标	专业伦理		□1.有无违背党和国家方针政策的言行,或者向学生传播有害身心健康的思想和信息;□2.有无在教育教学活动中遇突发事件时,不履行保护学生人身安全职责的行为;□3.有无不公正对待学生或者体罚,包括以侮辱、歧视等方式变相体罚学生的言行;□4.有无着装不规范,语言不文明,吸烟或使用通信工具等有损教师仪表形象的行为。	记要:			

续表

指标及权重	评价要点	评价结果			
		优良	合格	待合格	得分
		发展指标总分		综合评定等级	

说明：1."发展指标"反映教师的专业能力，采取定量方式进行评价，先分项给分（打整数分），再算出总分，栏前"□"内打勾，并在评价结果栏内做好记要；3."红线指标"中，教师出现专业知识及时发现并当堂更正的，可不视为错误；4."综合评定等级"，此项评委组长核准本组所有评委给出的发展指标评价总分，先去掉一个最高分和一个最低分，再算出平均分，并结合红线指标情况进行如下综合评定：平均分≥80分且红线指标均为"无"，评为优良；60分≤平均分＜80分且红线指标均为"无"，评为合格；60分或红线指标出现一条"有"，评为不合格；5.本标准适用于2014年全区中小学"学本式卓越课堂行动"部分学科公开课评价，中职学校文化学科公开课评价参照本标准另行制发。

(二)评课的方式

不同的实习学校可能有不同的评课要求,一般来说,主要有自我评课(自我评分)和他人评课(他人评分)两种方式。

1.自我评课

自我评课主要是授课教师对自己的授课情况进行自我评析或依据评课量表给自己的教学行为打分的过程。一是评析自己在上课过程中做得比较好的地方,总结归纳自己的教学特色;二是反思自己在上课过程中的不足之处,分析其中的原因,反思自己的教学行为,并提出改进措施。自我评课能够促使授课教师感受自己在"设计课"与"实际上课"之间的落差。有些学校会建议教师撰写个人教学评估,以促进其扬长避短,争取更上一层楼。

2.他人评课

他人评课是促进实习教师快速成长的有效途径,实习教师应多听听指导教师、实习同伴、学生的不同评价。其一,指导教师一般具有较为丰富的教学经验,能从整体上对教学设计乃至具体的教学环节、学生的掌握情况等宏观方面给予评价;其二,实习同伴可以观察实习教师的教学基本功是否有长进,并结合实习教师的自身情况和指导教师的建议再次提出一些改进建议;其三,学生会根据他们的喜好和接受程度对实习教师的讲课情况进行评价,以便实习教师深入了解学情。

第三节 教学实习应注意的问题

实习既有新鲜感、成就感,也难免有失落感,实习的过程并非一帆风顺,中间也会出现一些小插曲。从初到实习学校的适应期,再到实习中段的瓶颈期,最后到实习后段的超越期,不同阶段面临着不同的问题。下面的问题是实习过程中的一些常见问题,实习教师在实习过程中要不断地根据面临的问题及时调整自己的实习状态。

一、实习前期应注意的问题

初到实习学校,面对陌生的实习环境,首先是要适应实习学校的教学环境,与教师、学生等和睦相处,同时要摆正心态,善于学习。

(一)适应教学环境

不同的实习学校实习环境不同,即使在同一所实习学校,可能由于实习年级、实习班级的不同,每个实习教师面临的教学环境也有所不同。其一,要适应实习学校的教学规章制度。不同的实习学校在教学方面的安排和要求略有差异,实习教师应严格遵守所在实习学校的教学规章制度,并可根据具体要求调整自己的实习状态。其二,要适应实习年级和实习班级。比如,高中阶段与初中阶段相比,高中阶段的教学压力就相对较大;另外,分到不同班级如文科班或理科班、"火箭班"、"普通班"或"加强班"等,班级情况各有差异,都需要实习教师因材施教,不要因被分到的实习年级或实习班级不如意而影响实习的顺利进行。

(二)处理好人际关系

良好的人际关系能够使实习时保持愉悦的心情,因此在实习学校要与指导教师、学生、实习同伴和睦相处。

1.与指导教师友好相处

首先,放低姿态,以虚心的态度向指导教师学习,在教学上遇到问题要多向指导教师请教。其次,摆正心态,当指导教师分配给实习教师一些任务的时候,要以积极、认真的心态去完成,而不是一味抱怨或推诿塞责,放弃难得的学习和成长机会。

2.与学生平等相处

实习教师与学生是亦师亦友的关系。首先,作为教师,在学生面前要保持教师应有的言行举止,适当保持一定的距离,同时给学生起到榜样示范的作用。其次,做学生的朋友,在学生面前也要有朋友间的信任和默契,保持一定的亲近,给学生一种和蔼可亲的感觉,能够与学生"打成一片"。最后,需要注意的是,作为实习教师也不能把自己放得"过低",应在学生面前树立起自己应有的教师威严,不能为了迎合学生赢得学生的喜欢而把学生"供"起来。

3.与实习同伴和睦相处

实习小伙伴是实习教师成长的同辈群体。在同一所实习学校,既有本专业同学组成的实习小组,也会有来自其他学校其他专业的实习小组,这就要求实习教师不仅要处理好本小组内部的同伴关系,也要处理好与不同实习小组之间的关系,彼此之间可以互相学习共同进步。

> **温馨提示**
>
> 　　在实习学校的人际关系处理中,千万不要出现师生恋!(包括指导教师与实习教师、实习教师与学生之间,均不可在实习期间谈恋爱。)

(三)虚心请教他人

教学实习的过程是一个将理论学习转化为实践能力的过程,也是一个先"模仿"后"超越"的过程。成功的实习不是"闭门造车",而是一个多学习别人长处,改进自己不足的过程。师范生刚开始教学实习,首先要善于挖掘其他教师教学中的亮点,通过大量的观课、磨课等教学环节,分析优秀教师的教学"好"在哪里,进而"为我所用";其次要认真听取指导教师和实习同伴的指导和建议,虚心接受他人的教学建议,主动反思自己的不当之处并及时改正。

二、实习中期应注意的问题

当进入到实习中期后,由于没有了实习前期的新鲜感,各种实习"症状"便迸发了出来,如备课备不过来,试讲和评课好麻烦,上课好没劲,学生不听话……面对这些常见问题,应做到以下几点。

(一)树立研课意识

随着教学实习的深入,实习教师要逐渐在"观课"的基础上学会"研课",即"研究课堂教学",主要研究教学理念、教学目标、教学案例、教学路线、教学效果等内容。通过研究来发现本节课教学目标的实现程度如何、教学重点的把握是否到位、教学难点的突破是否恰当、教学设计该怎样进一步完善等。用研究的态度去打磨每一堂课,通过个人反思和集体讨论来精心磨课,争取使每一堂课成为优质课。这样,教学实习才能有质的飞跃,才能不断体验到新的收获。

(二)克服惯性思维

当教学实习走上正轨后,实习教师能够按照已有的备课和上课思路进行教学实习了。但在学习他人的教学设计时,由于惯性思维的影响,大多数实习教师习惯性地按照已有的教学思路来设计自己的课,这样的教学设计就容易被他人"牵着鼻子走"。由于缺乏教学的思考和创新,久而久之,就会影响教学实习的质量。因此,实习教师要不断地克服惯性思维并敢于创新,才能使自己的课彰显自己的教学风格。

(三)提高备课效率

在实习的最初阶段,实习教师经常会处于一种"备课"状态,有时为了筛选一个恰当的素材、剪辑一个精美的视频或制作一个美观的课件都需要耗费不少时间,甚至为设计一节"好课"而花费大量的时间,从而把教学实习的大部分时间都耗费在了"备课"上。然而,教学实习除了备课与上课,还有课后的作业批改、课外辅导、监考和阅卷等日常教学工作。为了能够完成好实习过程中的各项工作,实习教师要学会合理利用时间,尤其要提高备课的效率。要尽量减少在素材选择、思路设计等方面的纠结时间和"空想"时间,应脚踏实地地动手查阅资料、动脑思考问题、认真制作课件,提高备课的质量和效率。

三、实习后期应注意的问题

临近实习尾声,部分实习教师开始松懈。殊不知实习后期好比黎明前的黑暗,是实习教师的"超越期",只有坚持走过"黑暗",才能真正看到实习结束后的"光明"。因此,实习后期要注意做好以下几点。

(一)克服懈怠心理

从教学实习开始直至教学实习结束,饱满的实习热情、认真的实习态度都不能少。一些实习教师越是到了实习后期越是思想上放松、心理上懈怠,对教学实习中的备课、上课乃至作业批改等工作开始"应付",不再像以前一样认认真真地备课、上课、试讲和评课,缺乏持之以恒的精神和认真负责的态度,导致教学实习出现"不进且退"的现象。对此,实习教师要严格要求自己,把优秀当作一种习惯,对实习要坚持到底,做到有始有终。

(二)做好总结工作

做好实习总结工作是实习后期的"重头戏",是实习教师从自身经历中总结经验、汲取教训从而快速成长的必由之路。

1.总结经验,凝练风格

在教学实习中要善于分析自己在教学设计、课堂管理等方面成功的做法,进而总结出自己成功的经验。同时,要善于学习和借鉴指导教师、其他实习同伴身上的亮点并为我所用;不断挖掘自己在教学中的独特之处,发挥自己的教学特长,逐渐形成自己的教学特色,为日后凝练出自己的教学风格做好准备。

2.查找不足,明确方向

及时发现自己在教学实习中的问题,敢于正视自己的不足,比如教姿教态不够自然、重难点把握不到位、学生活动没有组织好等问题,明确自己日后的努力方向,进而"对症下药",有针对性地强化某方面的"短板",逐步向一个合格型教师转变。

3.梳理资料,不断完善

教学实习是为以后正式走上教学岗位做准备,教学实习后期很有必要对整个教学实习期间的资料进行梳理,如教学知识体系的梳理、教学资源的整合、易错易混知识点和习题的整理等。一方面对整个实习期间的教学资料进行回顾整理,以便日后使用;另一方面梳理出当前教学实习中尚未完成的地方,以便日后继续补充和完善。

第六章

班主任工作实习训练

班主任工作实习的方式有三种：独立担任班主任工作、担任副班主任工作、在原班主任指导下作为班主任的助手来进行工作。一般来说，师范生多以后两种方式在中小学进行班主任工作实习。班主任工作实习有利于师范生坚定职业理想与信念，有利于全方位地提高师范生的职业能力，使师范生在实践中了解当代社会对班主任的职业要求，培养师范生的专业精神和职业道德，锻炼班级管理的基本功。

第一节 班主任工作实习的准备

"凡事预则立，不预则废。"班主任工作任务多、难度大，师范生班级管理能力和育人能力的提高不是一朝一夕就能完成的，需要长期的训练和锻炼，这就需要师范生从进师范院校开始就要为班主任工作实习做好准备，充分的准备是顺利完成班主任实习工作的重要保证。

一、内容准备

班主任工作实习准备是一个长期的过程，既包括在师范院校学习期间的前期准备，也包括到达实习学校后的准备工作。

（一）了解班主任的作用和职责

实习班主任工作需要明白班主任工作的作用有多大、职责是什么，这既是做好班主任工作的一个前提，也是师范生班主任工作实习准备的重要内容。

1.了解班主任的作用

有人说，班主任的工作是"上面千条线，下面一根针"，苦不堪言；也有人说，班主任是学生记忆中最鲜亮的那个人。而班主任到底发挥着什么样的作用，这是师范生在实习之前必须了解的。

首先，班主任是班级的组织者和指导者。班主任负责的班级工作是全方位的，包括学生的学习、学校生活、课外活动等。班主任组织管理工作的质量在很大程度上决定了一个班级的精神风貌和发展方向。作为班级工作的组织者,需要班主任健全班集体组织,组织好班集体的各项活动。此外,班主任还是班级的指导者,要指导学生开展各种活动,同时还要做好学生做人的典范。班主任的一言一行、一举一动都会影响学生,这种影响既包括对学生外在的影响,如说话风格、穿衣风格的影响等,更包括内在的人格影响,如理想、价值观、性格、心理的影响等。

其次,班主任是学校管理的骨干力量。学校的管理最终还是要靠班主任的辛勤工作落实到班级的管理上,班主任管理好、组织好班集体是学校教育工作得以顺利开展的基础。因此,班主任既是学校管理的得力助手,也是教学管理的骨干力量。班主任在班级管理工作中,既要落实学校的管理要求,自觉贯彻学校管理的目标和任务,也要协调其他部门的管理要求,为其他管理部门提供决策建议和工作支持。

再次,班主任是校内各种教育力量的协调者。一个班级的教育成果不是单个教师或班主任所能创造的,而是全校师生长期共同劳动的结晶。学校各方面的教育力量主要来自科任教师、校内领导与管理部门、校内组织和团体,班主任要做好校内各种教育力量的协调关系,增强教育的整体效益。

最后,班主任是学校、家庭和社会各种教育力量的协调者。学生的发展过程不单是学校教育的结果,更是家庭、学校和社会的综合教育影响下的结果。在这三种教育力量中,学校教育虽是主导方面,但是要与家庭教育和社会教育密切配合才能取得最优化的教育成果,而学校又主要依靠班主任去与家庭、社会沟通。因此,班主任是学校、家庭和社会各种教育力量的协调者,要尽量使各种教育力量保持方向一致,形成最大的合力。

2.明确班主任的职责

了解了班主任的作用,还需要进一步明确班主任的职责。根据《中小学班主任工作规定》,班主任的职责和任务主要有以下几个方面。

第一,全面了解班级内每一个学生,深入分析学生的思想、心理、学习、生活状况。关心爱护全体学生,平等对待每一个学生,尊重学生人格。采取各种方式与学生沟通,有针对性地进行思想道德教育,促进学生德智体美劳全面发展。

第二,认真做好班级的日常管理工作,维护班级良好秩序,培养学生的规则意识、责任意识和集体荣誉感,营造民主和谐、团结互助、健康向上的集体氛围。指导班委会和团队工作。

第三,组织、指导开展班会、团队会(日)、文体娱乐、社会实践、春(秋)游等形式多样的班级活动,注重调动学生的积极性和主动性,并做好安全防护工作。

第四,组织做好学生的综合素质评价工作,指导学生认真记载成长记录,实事求是地评定学生操行,向学校提出奖惩建议。

第五,经常与任课教师和其他教职员工沟通,主动与学生家长、学生所在社区联系,努力形成教育合力。

(二)提高胜任班主任工作的素养

班主任工作是一门科学,要胜任它必须要具备一定的素养,因而师范生在平时的学习和生活中就要注重提升这些素养。

第一,提升思想道德修养。班主任要有较高的思想觉悟和良好的道德修养,立场坚定,观点鲜明,严于律己,爱护学生,这是作为班主任最起码的素质。在班级里,班主任的一言一行都影响着学生,如果班主任的道德素质不高,就难以培养出具有良好道德素质的学生。所以,作为一个即将为人师表的师范生,在日常生活中就应该加强思想道德修养,严格要求自己,养成良好的行为习惯,言行一致,提高自己的人格影响力。同时,师范生还要注重培养自己的爱岗意识,在学校热爱学习,在工作岗位热爱工作,只有这样才能真正把班主任工作做好。

第二,提升知识素养。由于班主任工作的特殊性,班主任必须既要具备扎实的专业知识,也要具备广博的文化知识。所以师范生在校期间不仅要学好专业理论知识,提升自己的专业素养,以精深的专业素养在学生心目中树立起威信,也要学好教育管理的知识,如教育学、心理学、管理学方面的知识,还要善于并乐于向身边的人学习,以广博的知识赢得学生的信赖和喜爱。

第三,提高心理素质。肩负着培养新时代人才使命的班主任必须具备良好的心理素质,这是以身立教的前提,是提高教育效果的重要保证。班主任应该具备一种高尚而丰富的情感,这不仅是一种个人的心理素质,同时也是一种十分有效的教育力量。师范生在平时的生活中要提高自身的心理素质,学会控制自己的情绪,特别是在工作不顺利或者遭遇失败的时候,更能够以一颗平和的心态去面对,切忌一时冲动、感情用事。

第四,提高语言素质。班主任的主要工作方式是"说","说"的艺术在于以理服人、以情动人,使"说"具有启发性、针对性和感染性。针对学生的思想"脉搏"说,可打动学生的心灵,引起学生的思考。因此,师范生在平时与人交往的过程中,要不断提高语言表达能力,不仅要清晰准确地表达自己的所思所想,更要讲究语言表达的艺术,既要能说,也要会说,增强语言的感染力。

二、方式准备

师范生为了增强适应班主任工作实习的能力,可以通过认真学习相关课程知识、阅读相关书籍和文件、访谈、见习观摩等方式提前为班主任工作实习做准备。

(一)认真学习相关课程知识

高等师范院校课程的设置旨在提高师范生教学能力、班主任工作能力和教育研究能力等,其中主要包括学科专业课程、教育类课程和公共基础课程。学科专业课程有利于提高师范生的专业素养,教育类课程有利于提高师范生的教师专业素养,而公共基础课程有利于提高师范生的人文素养和综合素质,每一门课程的设置对于师范生实习班主任工作都是必要的。所以,师范生在校期间要认真学习各门课程,尤其是教育学和心理学的相关知识,如心理发展与教育、教育学、教育心理学、德育与班级管理等,提高了解学生和分析学生的能力,为实习班主任工作打下良好的基础。

(二)阅读相关书籍和文件

师范生了解班主任工作的相关内容除了通过学习相关的课程,还可以通过查找资料,阅读相关的书籍和文件进行了解。目前,有关班主任工作的书籍可谓汗牛充栋,代表性的图书有《班主任工作手册》(傅建明,广东教育出版社,2009年)、《班主任能力修养》(耿书丽,东北师范大学出版社,2010年)、《师德教育与班主任工作》(陈浩彬,北京师范大学出版社,2015年),特别推荐阅读全国知名班主任撰写的相关著作,如《班主任工作漫谈》(魏书生,漓江出版社,2014)、《爱心与教育》(李镇西,漓江出版社,2018)、《第56号教室的奇迹》(雷夫,光明日报出版社,2017)等。师范生通过这些书籍的阅读,可以提前了解班主任工作的作用、职责和要求等。同时,师范生也可以阅读相关师范生教育实习指导的书籍,如《教育实习指导》(陈文涛,河南大学出版社,2014年)、《师范生教育实习指南》(高鸿源等,北京师范大学出版社,2013年),其中有关班主任工作实习的内容可以为师范生实习班主任工作提供直接指导。当然,作为实习班主任,还必须要阅读有关班主任工作的文件,如教育部印发的《中小学班主任工作的规定》明确了班主任的地位和作用、任务与职责、原则与方法、条件与任免、待遇与奖励、领导与管理,如《高等师范院校学生的教师职业技能训练基本要求(试行稿)》明确提出了班主任工作技能是高等师范学校各专业的学生应具备的、必修的内容,对于这些文件的阅读和研究有助于师范生对班主任工作有宏观的了解。除了阅读国家有关班主任工作的文件,师范生还可以通过阅读各个学校有关班主任工作的制度和相关文件等来进行了解。各个学校的制度是对国家文件的落实,在落实过程中也具有特殊性,师范生阅读此类文件更直观、更具体。

(三)访谈

师范生通过学校课程的学习和相关书籍的阅读,可以积累有关班主任工作的丰富理论,为班主任实习工作提供理论指导,师范生缺乏班主任工作的实践经验,则可以通过访谈有班主任经验的教师来弥补。师范生通过访谈和咨询一些有经验的教师,不仅可以了解学生的思想特征,也可以捕捉到一些班主任工作要求和必需素质,为大学阶段提高班主任工作的基本功和素质明确方向,为班主任工作的实习奠定基础。师范生还可以访谈一些班主任理论研究专家,了解当前班级管理中的热点和重点话题以及应对措施,以便在实习时关注此类问题并寻求解决方法。

(四)见习观摩

见习观摩是以观察体验为主的教育实习活动,班主任工作见习主要包括观摩学习班主任工作、观摩学生基本情况、协助原班主任开展工作。"观摩学习班主任工作",主要是熟悉原班主任的工作内容,并在此基础上学习原班主任班级管理和班级教育的经验和技巧,为即将开展的班主任实习工作奠定感性认识的基础;"观摩学生基本情况",既包括观摩班集体的基本情况,也包括观摩学生个体的基本情况,从学生的基本信息、学习状况、思想状况、个性特征等方面进行观察和了解,这是实习生能否带好班级的先决条件;"协助原班主任开展工作",是实习生从班主任工作见习到班主任工作实习的一个过渡阶段,是临战前的初战演练。实习生在协助原班主任开展工作时既要在原班主任的指导下谦虚谨慎地开展工作,又要在工作中充分发挥主动性、创造性,赢得原班主任老师的信任和认可,为班主任实习工作做好准备。

第二节　班主任工作实习的主要内容

班主任工作实习的主要内容包括制订班主任工作实习计划、班级日常管理工作、组织主题班会、个别教育、与家长沟通、处理突发事件等。

一、制订班主任工作实习计划

制订班主任工作实习计划,是确保班主任实习工作能够系统、连贯开展的关键。师范生应该在了解学校、实习班级和学生以及原班主任工作计划的基础上结合自身的特点,制订切实可行的班主任工作计划。

班主任工作实习计划的主要内容包括:

(1)引言。包括实习学校、班级名称、原班主任和指导老师姓名、实习时间、实习目的、同实习小组其他成员的分工等。

(2)实习班级的基本情况。一是学生构成,包括总人数、男女生人数、团员人数、各家庭状况、年龄状况等;二是班级状况,即本班学生在德智体美劳等方面的主要优缺点以及班集体形成状况。

(3)实习工作目标和任务。

(4)实现目标的措施和具体安排。包括为实现目标拟开展的具体活动、具体时间安排、工作重点、人员组织和方式方法等。

制订实习计划时应该注意以下几点。

(1)及时。班主任工作实习计划是班主任工作实习的蓝图,务必尽快草拟,一般在实习开始的时候制订。

(2)可行。实习计划要从实习班级、实习学生和实习生自身情况的实际出发,以原班主任工作计划为依据来制订,并在执行过程中多听取原班主任的意见,及时总结,根据情况的变化来进行必要的调整。

(3)精炼。计划是条文式应用文体,要求文字简洁准确,不必追求华丽的辞藻。

表 6-1　"班主任工作实习计划"范例

实习班级		原班主任		实习生		指导老师	
一、基本情况分析 　　高一(3)班共有 64 人,男生 21 人,女生 43 人,其中走读生 3 人。本班是全年级学习基础最好的班级,无论是师资还是学生素质方面都具有明显的优势。由于他们刚进入高一,学习习惯仍停留于初中阶段,对高中高强度的学习和生活还不适应。帮助学生尽快适应高中生活,养成主动学习的良好习惯,成为这一学期班主任工作的主要任务和目标。							

续表

二、工作目标和任务 （一）引导学生形成良好的心理素质、正确的自我定位和良好的行为习惯，注重学习方法，提高学习效率。 （二）提高学生的人文素养和综合素养，促进良好班风、学风的形成。 （三）帮助学生形成集体意识，增强集体荣誉感。
三、具体措施和安排 （一）常规要求和措施 1.严格班级纪律。争取督促每一个学生都能提前5分钟进教室，杜绝迟到早退现象。 2.落实卫生值日制。卫生由值日学生全权负责，确保教室清洁干净。 3.自习课的时间保持教室安静，给同学们提供一个良好的学习环境。 4.培养和指导班干部的组织管理能力，关注班干部和大多数学生的关系，防止出现分化。 （二）做好学生思想工作 1.关爱学生，从学生角度去思考和处理问题。 2.利用课余时间与学生谈话，及时了解学生个体和班级动态。 3.鼓励学生，帮助学生树立自信心，摆正心态，端正学习态度。 4.关注特殊学生，对其进行个别教育，增进其集体荣誉感，促成班集体的大团结、大和睦。 （三）班风、学风建设 1.开展"读书角"活动，在班级中形成爱读书的氛围，形成班级文化特色。 2.让学生在课桌表面贴上自己的人生信条，达到思想上鞭策学生的效果。 3.利用班会课，开展"学习氛围的培养"主题讨论，引导全班同学出谋划策。
四、具体安排 第一周：见习阶段。了解学生，观摩班主任工作，酝酿并制订班主任工作实习计划，送原班主任审阅。 第二周：继续深入了解学生，召开班级干部会议，布置和研究本周工作重点。此外，严格监督纪律、卫生问题，并开始筹备下周的运动会。 第三周：本周重心在运动会的筹备，运动会入场式、后勤工作、宣传稿件等都要一一部署到位。举办运动会时，做到有序指导，保证一切事务有条不紊地进行。 第四周：国庆节，强调学生注意人身安全和财产安全。 第五周：从本周起直至期中考试，班级的重心为学习，要重点抓学习，加强学风建设。 第六周：对学生进行个别辅导。学习较好的学生，要增强其心理素质，避免过于紧张而发挥失常；学习基础薄弱的学生要鼓励其做好复习工作，不要自暴自弃。 第七周：下周将进行考试，向学生介绍合理复习的方法和策略。 第八周：考试、监考。

二、班级日常管理工作

班级日常工作事务繁多，涉及班级集体学习、生活的方方面面。就一周的常规活动而言，有升旗仪式、班会、团队活动、大扫除、周末总结等。就一天的常规工作来说，有"两操":课间操和眼保健操;有"两自习":早自习和晚自习;有"一检查":卫生检查。就工作范围来看,有纪律检查、安排值日、打扫卫生、填写班级日志、处理偶发事件、行政事务配合等。这些工作,实习生都要妥善安排和处理,防止顾此失彼。要想使繁多的事务做得井然有序,实习生需要掌握以下的技巧。

(一)制订计划

班级常规工作的实习事务多,涉及面广,如果没有计划,实习生将难以将班级管理工作开展得有条不紊,也会使自己在忙得不可开交中失去信心。要做好班级常规工作,必须要加强工作的计划性,而制订班级工作计划,这是做好班级常规工作实习的保证。

(二)突破重点

实习生应尽量完成原班主任老师交代的每一件事情,但与此同时,也不能平均使力,必须抓住重点,寻找突破口,才能以点带面,提高管理水平。这就要求实习生在充分把握班级现状的基础上,全面权衡班级各项工作,确定班级管理的主要目标,并围绕着目标去奋斗。

(三)充分发挥班干部的作用

班干部是学生自我管理的重要力量,好的班干部在班级日常管理中发挥着重要作用。实习生在开展班级管理过程中应充分发挥班干部的作用,既要充分信任他们,又要强调他们各自的职责,让他们感受到自己的责任和压力。除了依靠班干部以外,还要尽可能让更多的学生参与自我管理,让全班形成一种互相督促、互帮互助的体制,提高班级管理的效率。

(四)树立威信

威信是班主任开展班级管理工作的关键,相比于原班主任和其他科任教师,实习生要在学生心中树立威信是件难事。学生刚接触实习生的时候,往往对实习老师持怀疑态度,甚至有个别学生不把实习老师放在眼里,经常起哄闹事。面对这样的情况,实习生一定要有信心,抓准机会展示自己的实力和才华,赢得学生的认可,同时要抓住自身亲和力的优势,加强与学生的情感交流,缩短与学生的心理距离,在全面了解学生的基础上才能更好地树立威信。当然,实习生在与学生的交往中也要有一定的分寸,既不能对学生要求过严,也不可对学生放任自流,而是采取"和"而不"流"的态度,与学生保持"亦师亦友"的关系,恩威并施,从而在学生中树立威信。

三、组织主题班会

主题班会是以特定内容为主题、形式活泼生动的班会,规模较小,影响较深,教育效果明显,也往往容易带动其他各项思想政治教育工作的开展。按照规定,每个师范生都需认真准备两次主题班会,以提高师范生的教育工作能力。

(一)确定内容和形式

主题班会的内容既要和学校、班级的教育任务结合起来,又要和学生的生活与学习联系起来,这样才能达到吸引学生兴趣、提高教育效果的目的。因此,实习班主任在确定主题班会的内容时既要关注学校的要求,和原班主任商议,还要考虑是否能吸引学生。主题班会的内容可以是关于班集体的重大问题,如有关诚信、师生关系、同学关系的话题,也可以是与学生切身相关的问题,如学习方法、学习目的、人生理想等,还可以是学生关注较多的话题,如"食品安全问题""要不要跟着苹果追 iPhone"等。

主题班会的形式,应该采取学生乐于接受的形式,应该赋有时代气息和趣味性,符合学生的思想道德发展规律。一般来说,主题班会的形式通常有戏剧小品、演讲比赛、知识竞赛、诗歌朗诵、辩论赛、角色扮演等。

(二)发动学生做准备

主题班会是学生自己的班会,是学生自我管理、自我教育的最好机会。好的班会,应当是以学生为主体的班会,实习班主任应该扮演导演的角色,充分调动每位学生的积极性,使每位学生都有所收获。主题班会的准备,要做好以下几个方面的工作。

(1)实习班主任要与班干部商议决定主题班会的内容、形式和过程等,实习班主任可以提出自己的建议,但也要充分尊重学生的意见,学生发表的意见越多、方案越详细,学生组织活动的主动性就越高。

(2)梳理好主题班会的每个环节,明确每个环节的内容,并确定每个环节的负责同学,确保主题班会能顺利开展。在主题班会开始前,实习班主任要督促班干部检查各个环节的准备情况。

(3)培训主题班会主持人。主持人的语言感染力和现场的应变能力对于班会的成功开展至关重要,实习班主任要和班干部一起帮助主持人设计开场白、过渡语和结束语,并预设主题班会现场可能出现的情况和应对措施。

(4)做好必要的会场布置。

(5)提前向全班宣布班会消息,适当营造期待的氛围。

(三)放手让班干部和主持人负责主持班会

在班会进行过程中,实习班主任应该放手让主持人和班干部负责班会进程,让每个学生参与到主题班会的全过程。实习班主任只需要关注班会进展过程,在出现问题时给予纠正和引导。

(四)及时做好总结升华

主题班会是对学生进行思想教育的好时机,因此实习班主任要抓住这个教育时机,组织学生发表自己的收获和感想,组织班干部总结班会的优缺点,既肯定全班同学的参与,鼓励表现突出的学生,也要指出努力的方向,使班会成为促进学生成长进步的力量。

四、个别教育

班集体的状况取决于班上每位学生的状况,个别教育是班主任教育工作的核心内容,也是教育实习中非常重要的方面。对学生进行个别教育要注意对象选择、时机把握和技巧运用。

(一)对象选择

虽说班上每一位同学都是班主任关爱的对象,但班集体不是单个个体的简单相加,而是每个成员相互影响、相互制约的有机整体。班主任在对学生进行个别教育时,就要注意每位学生的特征及其在班集体中的地位,选取最佳的对象。对于实习班主任而言,实习时间有限,不可能做到面面俱到,更要精选对象。一般来说,选取个别教育的对象要"抓两头,带中间,选典型",做到培养优秀生典型、抓好中等生教育、促进"学困生"转化。

(二)时机把握

俗话说:"打铁看火候,穿衣看气候。"对学生进行个别教育也要看气候。过早,时机不成熟不能达到预期的目的;过晚,就会时过境迁,于事无补。因此,对学生进行个别教育的关键在适时,一般来说,下面这些时机需要把握好。

1.兴趣浓厚时

兴趣是动机产生的主观原因,当学生对某一事物表现出兴趣时,必然会对它产生积极的态度,这时候他们或因需要而"饥渴",或因强烈的追求而激动,或因达到目的而执着,因此也是对他们实施教育的有利时机。但实习班主任必须把握住他们的兴趣倾向,既要利用学生由兴趣产生的积极性,又不能一味地迎合学生。

2.情绪变化时

青少年学生正处于成长阶段,情绪不太稳定,情绪变化往往表现出超常的兴奋和过度的消沉。当学生发生情绪变化时,实习班主任应该细心观察,因势利导地进行教育。首先要了解学生兴奋和消沉的原因,如果学生热衷的事情并非学校提倡的,这时就要引导他们,在不挫败他们积极性的情况下,使其兴奋点转移到自己的学习内容上来。

3.触及利益时

班主任做学生工作,本质上是为学生的利益服务并使学生的利益和集体利益、社会利益尽量地一致和趋同。但对于学生而言,有时候会出现个人利益和他人利益的冲突,当涉及他们切身利益时,往往思想非常活跃。实习班主任要根据学生的不同情况,有针对性地进行思想教育,使学生正确认识和对待社会利益、集体利益与个人利益的关系。实习班主任也要承认学生思想上的差异,谨慎地处理问题,切不可采取一刀切的简单化做法。

4.遭受挫折和困难时

每个人在生活中都会遇到一些特殊的遭遇,青少年在成长的过程中也会遇到一些挫折和困难,但是青少年的抗压能力和承受能力都还不强,突然的变故会让他们不堪承受、措手不及。作为实习班主任,当了解到学生遭受困难和挫折时,首先要用真心去关爱学生,让学生感受到温暖,同时,还要利用这个时机教育学生要正视困难和挑战,增强心理承受能力和适应生活的能力。

(三)技巧运用

个别教育的方法因人而异,因时因地而异,其技巧和艺术的探讨是无止境的。作为实习生,要重点明白以理服人、以才驭人、以情动人的道理,要学会用欣赏的眼光看待学生。

1.以理服人

以理服人要坚持"三到四有"原则。"三到"就是要说到点上、说到心上、说到情上。"说到点上"即说的内容直奔主题、清楚准确,击中要害,而不是泛泛而谈、模棱两可;"说到心上"就是说的话能引起学生的共鸣,学生愿意听、爱听,只有在学生心悦和情愿的情况下,学生对老师的教育才是最容易接受的,才能让学生心服口服,否则就是"对牛弹琴"。"说到情上",即说的内容能让学生在情感上接近老师,情通则理达,要让说服教育更有"情",首先教师就要有激情,而不是板起面孔说得索然无味。

2.以才驭人

对于渴望新知的学生来说,有才华的实习班主任更有魅力。然而才华的造就并非一日之功,对于实习生而言,关键是要充分而又巧妙地展示自己的才华。如在平时的班级活动组织中,实习生可以充分发挥自身的专业优势和兴趣爱好优势,让班团活动举办得更加出色,从而赢得学生的认可。

3.以情动人

情感是沟通思想的桥梁,开启心灵的阀门。"情"的投入是班主任进行个别教育的要求。只有与学生建立了深厚的感情,他才会领悟你对他的关爱,听懂你所讲的道理,改正你所指出的缺点,接受你对他的帮助。"亲其师,信其道。"如果班主任整天阴沉着脸对学生提要求,学生只会心怀戒备,敬而远之。因此,班主任要做到爱中有情,严中有情,在与学生谈心的时候,要学会推心置腹,倾入情感。

4.做一个欣赏者

美国著名心理学家威廉·詹姆斯说过,人类本性中最深的企图是期望被赞美、钦佩和尊重,对于生理和心理都处于发展阶段的学生而言,更是如此。班主任以欣赏的眼光去看待学生,多发现学生身上的闪光点,多一个信任的微笑,多一次亲切的点头,往往能产生强烈的教育效应。班主任欣赏个别优秀学生一般容易做到,而喜欢和欣赏每一个学生并非易事,不仅需要科学的教育知识,更需要爱心和勇气。

五、家长工作

学校教育只有和家庭教育形成一种合力,才能达成更好的教育效果。班主任是学校和家庭联系的纽带,也是家校之间的灵魂和关键人物。尽管实习班主任实习时间有限,不可能对班级学生的家长进行全面了解,但是学校和班级随时有可能出现新的情况和问题,实习班主任的家长工作随时都有可能进行。

(一)工作方式

一般而言,实习班主任的家长工作可以通过开家长会、家访、开展亲子活动等来进行。

1.开家长会。家长会是家校之间常用的、实效性较强的联系方式,学校一般每学期都要至少举行一次家长会。在家长会上,实习生应在原班主任的指导下,从各个方面向家长介绍学校工作和班级情况,如班级学生的组成情况、教师配备情况、班级总体奋斗目标等,让家长了解学校工作,并赢得家长对学校工作的支持。

2.进行家访。家访是了解学生及其家庭具体情况,与家长交换意见,共同完成对学生教育的一种常见教育方式。实习生在实习期间一般会进行1~2次家访,适时、适度、适当的家访,有利于班主任和家长之间的信息交流和沟通,从而在教育学生问题上达成共识。

3.开展亲子活动。亲子活动能发挥娱乐、导向、育人的功能,实习班主任可以与原班主任协商多开展一些亲子活动,以陶冶学生和家长的情操,启迪各自的心灵,达成学校教育和家庭教育的和谐统一。

4.通信联系。近年来,由于信息技术的进步,有的班主任使用电子邮件、网上电话会议、QQ、微信、手机短信等方式加强与家长的联系。实习班主任在实习期间可以发挥特长,在原班主任的授权下,协助其做好与家长的联系工作。

(二)工作技巧

1.巧选时机。实习班主任在进行家长工作时,要全面考虑学生表现、学生心理和家长的作息规律,以便确定最佳的家访时间。切忌每次家访的时间都选择在学生犯错以后,这样不但不会达到教育效果,还会引起家长和学生的反感,认为家访就是告状。实习班主任进行家访的时机可以是开学初,以全面了解学生情况;可以是学生取得成绩时,向家长分享学生的成长,鼓励学生更加努力;也可以是节假日,给学生和家长送去祝福的同时,密切与家长的联系。

2.端正态度。班主任和家长的地位是平等的,都是学生的教育者,目标是一致的,都是要培养好学生。所以在与家长沟通时,态度一定要谦和,语言要礼貌,给人一种可亲可近的感觉,这样家长才会和你敞开心扉。

3.合理评价。"金无足赤,人无完人。"对学生的评价也要一分为二,不能以偏概全。尤其是不能把学生说得一无是处,会让家长和学生都产生反感。在不违背事实的前提下,班主任在与家长沟通时要多谈学生的优点,在肯定优点之后,再谈缺点,这样易于学生和家长接受。同时,学生正在成长,可塑性极强,对他的评价要留有余地,不能把话说死,不要轻言"绝对"或"肯定"。

4.尊重学生。班主任在和家长进行交谈时,必要时可以让学生在场,一方面可以让学生参与和把事情阐述清楚,避免产生误解,使家长和班主任有全面而正确的认识;另一方面可以增进学生对家长和班主任良苦用心的理解,更愿意接受家长和班主任的教育,为学生下一步的发展和提高创造良好条件。

六、突发事件的处理

所谓突发事件是指在偶然情况下发生的,影响他人或集体利益,对正常秩序造成破坏和不利影响的事件。师范生在实习期间也有可能会遇到突发事件,不仅要有心理准备,还要掌握一些处理突发事件的技能技巧。

第一,了解情况,及时反映。"了解"是教育的钥匙,是处理突发事件的前提。在突发事件发生之后,实习班主任要及时进行调查,了解突发事件发生的原因,并向原班主任汇报。对于突发事件的原因,了解得越全面、细致,越有利于事件的处理。

第二,控制情绪,沉着冷静。突发事件的发生常常是难以预料的,而实习班主任又缺乏经验,事件的发生常常令实习班主任措手不及,容易情绪失控。这时,实习班主任即便有懊恼、急躁的情绪,也不能失去自制和理智,而是要保持沉着冷静,做到"心要热、头要冷",迅速对突发事件做出反应,稳定当事人的情绪,随时采取必要的措施。教师冷静沉着不仅能稳定事态,也能对学生起到示范和教育作用,稳定学生的情绪,避免产生恐慌。

第三,因势利导,重在教育。偶发事件具有两面性,它往往是班主任教育学生个体和集体的良好时机,既关系到个体的健康成长,也关系到班集体的巩固和发展。因此,班主任在处理突发事件时,不仅要解决具体的矛盾,教育具体的学生,而且要通过突发事件的处理,使大多数学生受到教育,提高认识。除了个别的偶发事件不宜公开处理外,大多数的突发事件都可以用来"借题发挥"作为德育的内容。实习班主任要善于发现和捕捉突发事件中的"闪光点"和转化的"契机",挖掘积极因素,转化不利因素,使突发事件的处理迅速走向最为有利的轨道。

第三节 班主任工作实习应注意的问题

班主任工作实习是对师范生综合素质的锻炼,师范生在实习过程中要注重协调各种关系,尤其是处理好人际关系以及教学工作与班主任工作实习的关系。

一、处理好人际关系

班主任工作的实质是人际交往,班主任应该是人际交往的艺术家,师范生在实习班主任工作时应处理好以下几种人际关系,以提高人际交往能力。

(一)处理好与学生的关系

师生关系是班主任工作的首要关系,师范生要想使班主任工作实习取得成效,就必须要处理好与学生的关系。

1.了解学生

了解学生是实习生与学生相处、做好学生工作的前提,只有了解学生,才能有的放矢,才能与学生形成良好的人际互动。实习班主任不仅要了解学生个体,还要了解班集体情况,然而由于实习生实习时间有限,不可能全面深入地了解每位学生,因此要做到有重点的了解。如在了解学生个体时,要能记住并叫出每个学生的名字,知道每个学生的行为大致表现和学习成绩状况,重点了解个别学习困难学生和行为问题学生的表现、人际关系和家庭背景等;在了解班集体时,重点了解班级的人数、学习情况、卫生状况、纪律状况、学生活动参与情况等。对学生个体和班集体的情况有大致的了解是我们开展班主任工作的起点,而实习班主任要真正地做到了解学生,就必须要对学生充满感情,用心观察学生,多与学生交流沟通。

2.用心关爱每一个学生

陶行知曾说过:"没有爱就没有教育。"同样的,没有爱就没有和谐的师生关系。爱是开启学生心灵的钥匙,是师生沟通的桥梁,实习班主任应该用心关爱每一个学生,做到爱得有广度和有深度。首先,爱得有广度,即实习生要爱每一个学生,不能只关爱个别优秀生,不顾不管"学困生",更不能因为家庭背景、智力高低和个性差异区别对待学生,只有给予所有学生平等的爱,对待学生一视同仁,实习生才能得到班级同学的认可,才能在班级学生中树立威信。其次,爱得有深度,即实习生要用心去爱学生,在日常班级管理中细致地观察学生,观察学生的身体状况、学习状况、思想动态,一旦发现有问题要及时与学生沟通,帮助学生处理。同时,实习生还要利用自己亲和力的优势多与学生交流沟通,与学生建立朋友关系,走进学生的内心,用爱去感化和塑造学生,促进学生的成长。

3.恩威并重

实习生与学生的关系可以概括为"亦师亦友","师"是教师,讲权威;"友"是朋友,讲情感。实习生年轻、朝气蓬勃,心理上与学生相近,颇受学生的欢迎,容易与学生成为朋友,这是实习生的优势。但有的实习生在与学生的交往中,一味地为了迎合学生、接近学生而忘了教师应有的威严,忘了教师应有的引导作用,虽在短时间内能与学生建立和谐的关系,但从长远来看,不利于学生的成长和进步,也不利于师范生个人的发展。因此,实习生要对学生做到"恩威并施""严爱有格",既做到像朋友一样用心去关爱学生,又要尽到教师对学生严格要求的职责,这样学生才会对教师"既爱又怕",不仅建立了和谐的师生关系,也提高了教育效果。

(二)处理好与原班主任的关系

和原班主任的关系是班主任实习中重要的人际关系,这种人际关系首先建立在共同的业务和责任基础上,其次建立在个人交往形成的情感之上。实习生在处理与原班主任的关系时要注意以下几点。

1.了解并尊重原班主任的工作安排

学校安排的班主任指导老师一般都有一定的班级管理经验,他们长期在学校工作,了解学校,熟悉学生,有自己的班级管理思路和计划。作为实习生,我们首先要了解原班主任的工作安排,分析这样安排背后的原因并从中汲取经验。当以后遇到类似的问题时,可以借鉴原班主任的做法,保持班主任工作的一致性,从而更容易被学生接受。当然,实习生也需要有自己的思考,当出现好的想法和新的思路时也需要多与原班主任沟通交流,征求原班主任的意见。

2.积极主动协助原班主任工作

实习期间,有时原班主任可能会交代实习生完成一些任务,如管理自习纪律、检查卫生、开班会等,这时实习生应该心存感激,尽自己最大的努力完成工作,因为这是原班主任对实习生信任的体现,也是对实习生的一次锻炼。而有时班主任出于对实习生能力的顾虑,不会把任务交给实习生去完成,实习生也不要气馁,积极主动地去找活干,在做好分内事情的基础上,主动协助原班主任进行班级管理,争取机会。

3.审视并协调原班主任和学生的矛盾

实习生在实习期间可能会遇到实习班级的学生和原班主任发生矛盾冲突的情况。实习生应该正视这种矛盾,对于学生向自己反映的问题,不要传播,首先安抚学生的负面情绪,再根据问题的性质决定是否协调。如果班级师生关系总体不错,班主任人品也很好,实习生可以向班主任转达个别学生的意见,提出建议恰当协调,但在协调过程中一定要低调,不能损害原班主任的形象,也不能伤害学生的自尊心。

4.学而有格

"道之所存,师之所存也。"原班主任在班级管理方面好的做法,是实习生学习的榜样,但是对原班主任的教诲和示范,实习生也要一定的分析能力,在遵守教育原则的前提下有所学有所不学。很多教师在管理学生方面有自己的"绝招",对于一些看似"有效"但会损伤学生身心的方法,要听而不用。

(三)处理好与科任教师的关系

班主任只靠自己一人的力量不足以教育好学生,还要协调各科任教师共同做好教育工作。班主任与科任教师的关系处理得好坏,决定着整个班级的和谐程度和进步速度。因此,对于实习生来说,如何处理好与科任教师的关系是成为合格班主任的必修课。

1."知"而后"行",帮助科任教师了解学生

要想取得科任教师的配合,实习班主任就要尽量帮助科任教师了解学生,创造条件让科任教师接触班级事务。为此,实习班主任可以主动邀请科任教师参加班级举办的活动,在活动中让科任教师增加对学生的了解;邀请科任教师参与学生家访活动,给他们提供深入了解学生的机会;及时向科任教师反映学生近期的思想动态和班级重大事件等。这样,通过各种渠道让科任教师了解学生,为科任教师愿意参与协助班主任工作创造条件。

2."理"而后"顺",处理好学生与科任教师的关系

实习期间,可能会遇到科任教师与学生发生矛盾的情况,实习生要学会调整好科任教师与学生的关系。首先,要教育学生尊重教师,可以利用班会课向学生介绍教师的工作、生活等,让学生了解科任教师的辛苦,对科任教师产生敬意,尊重教师的成果。其次,要及时处理科任教师反馈的问题,对于科任教师反映的问题,实习生要做出分析判断,如果是学生的错误,要批评督促其改正;如果是科任教师的误解,要及时解释清楚,力求最终的处理结果得到科任教师的肯定。总之,实习班主任要在老师和学生之间起到"桥梁"作用,使双方关系融洽,科任教师才会乐于配合班主任搞好工作。

3."助"而后"融",协助科任教师的工作

实习班主任不仅要协助原班主任开展班级管理活动,在必要时还要协助科任教师的工作,如协助科任教师检查学生作业情况,减轻教师负担,在科任教师有临时困难需要帮助时,实习生要在能力范围内提供帮助。这样,不仅可以协助科任教师更好地开展工作,也密切了与科任教师的联系,科任教师会更愿意配合班主任工作。

4."听"而后"动",征求科任教师的意见

要想取得科任教师的配合,实习班主任还要主动征求科任教师对班级工作的意见和建议,合理的建议和意见要尽可能地采纳实施,使科任教师感受到尊重。这样,班级工作才会开展得更好,科任教师的配合作用才能真正发挥出来。

(四)处理好与年级主任的关系

班主任工作直接受年级主任的领导,正确处理好与年级主任的关系,不仅有利于协调工作、提高教学质量,而且有利于班主任自身的发展。实习生在实习期间也要与年级主任接触,学会处理好与年级主任的关系。

1.认真完成年级主任安排的任务

年级主任出于照顾老教师、锻炼新教师的考虑,常常会给实习生多安排一些杂事,如监考、批改试卷、检查卫生等,当实习生接到这些工作和任务时,一定不要抱怨,而应该心存感激并尽心尽力地完成。服从年级主任的安排,既给年级主任留下了好的印象,同时也是对自己的锻炼。当在完成任务的过程中遇到困难时,应及时向年级主任反馈信息,寻求帮助,争取把工作做到最好。

2.积极向年级主任取经

年级主任一般都具有丰富的班级管理经验,是实习生学习班级管理的潜在教师,实习生应该抓住机会向年级主任学习。首先,从观察中学习。观察年级主任平时是怎么组织活动、怎么管理学生的,从中总结规律和经验。其次,遇到难题多向年级主任请教。实习生难免会遇到一些比较棘手难以处理的学生问题,这时可在自己思考的基础上多和年级主任交流,从他们的经验中寻求最好的解决办法。

(五)处理好与家长的关系

实习生在实习期间要做家长工作,正确处理好与学生家长的关系也是人际交往的一个重要方面。实习生在与家长进行接触时要注意以下几个方面。

1.明确角色

实习生在与家长交往时,大多数时候扮演的是原班主任协助者的角色,因此与家长的交谈既要遵从原班主任的意见,也要让家长知晓自己的实习生身份。实习生的主要任务是听,而不是做出决定,尤其是遇到复杂问题时,实习生更不能轻言意见。

2.相互尊重

实习班主任和家长是紧密合作、共同教育学生的平等关系,而非行政隶属关系,因此实习班主任要努力构建相互尊重的和谐关系。首先,实习生要尊重和理解家长,经常向家长征求意见,虚心听取家长的意见和建议,理解家长对学生的爱护,不能单纯指责家长或向家长告状。其次,实习生还要赢得家长的尊重,实习生和原班主任相比缺乏权威,但是实习生可以通过高尚的师德和对学生真诚的爱赢得教育威信,赢得家长的信任和支持,所以实习生在与家长的交往过程中要注意自己的一言一行,以一名教师的身份来要求自己。

3.协调家长与教师、学生的关系

实习生在与家长接触过程中,可能会听到家长对教师、学校领导及自己孩子的抱怨,由于对情况了解不多,实习生不能深谈矛盾本身,只从原则上表态、反映意见和建议,要相互理解。如果听到教师对家长或学生的抱怨,与家长接触时要做到不传话,避免引起不必要的矛盾,影响原班主任与家长的关系。

此外,实习生在班主任工作实习的过程中还需处理好与实习同事的关系,实习同事是一起学习、一起成长的"伙伴",也是共同解决问题、实现教育管理目标的"战友",还是可以善意提出许多不同见解的"诤友"。实习生在与实习同事相处时要强化合作关系,淡化竞争关系,真诚对待彼此,在相互团结、帮助中共同进步并收获宝贵的友谊。

二、处理好教学实习和班主任工作实习的关系

作为一名合格的教师,不仅要会教书,还要会育人,即不仅要有较强的教学工作能力,还要有教育学生的能力。因此,师范生教育实习的内容不仅包括教学实习,还包括班主任工作实习,而如何在有限的时间内协调班主任工作和教学工作是师范生教育教学能力提升的关键。

(一)纠正重教学实习轻班主任工作实习的错误认识

在一些学生看来,教育实习的重点是教学实习,教师要站住脚,就必须要讲好课,讲好课是根本,而班主任工作是次要的。思想是行动的先导,正因为这种片面认识的存在,很多师范生在有限的教育实习时间内,把大量的时间和精力花在教学实习工作中,以提高自己的教学技能,而对班主任工作实习抱无所谓的态度,这样并不利于师范生师范素质和能力的全面提高,也不利于实习目标的达成。因此,师范生首先要从观念上正确认识教学实习和班主任工作实习的重要性,教学实习重在提高师范生的教学能力,是教育实习的核心活动,而班主任工作实习重在提高师范生的教育工作能力和班级管理能力,也是教育实习的重要内容,二者都是师范生必须掌握的职业技能,不可偏废。

(二)加强教学实习和班主任工作实习的有机结合

从表面上看,班主任工作似乎加重了实习生的负担,但实际上教学实习和班主任工作实习并不是完全孤立的,二者在一定程度上可以做到水乳交融、相辅相成。一方面,师范生可以通过班主任工作实习,全面了解学生的思想特征、心理特征、学习状况等,在掌握学情的基础上,再根据学情设立教学目标、选择教学方法、把握教学内容,这样可以提高课堂教学的效果。同时,师范生也可以通过班主任工作实习加强对学生的教育引导,塑造学生的人格和良好行为习惯,形成和谐的师生关系,促成教学实习的成功开展。另一方面,师范生也可以通过教学实习加深对学生的了解,如学生的学习情况、思想状况等,反过来促进班主任工作实习的开展。同时,师范生在教学实习中也可以适时加强思想渗透、情感教育,引导学生形成正确的世界观、人生观、价值观,并通过小组活动的形式,增强学生的合作意识,从而为班主任工作实习的开展做好铺垫。因此,师范生在教育实习中应加强教学实习和班主任工作实习的有机结合,在教书中育人,在育人中促进教学,同时提高教书和育人两种能力。

(三)积极应对教学实习和班主任工作实习在时间分配上的矛盾

师范生教育实习的时间是短暂而固定的,而班主任工作实习事务繁多,花费时间较多,且常常把实习时间碎片化,在一定程度上会影响到教学实习工作,因此,如何处理好教学实习和班主任工作实习在时间分配上的矛盾非常重要。首先,师范生应提高时间利用效率。同样的时间和任务,有的人能顺利完成,有的人不能顺利完成,区别在于能否充分利用时间,尤其是琐碎的时间,如守自习的时间能否静下心来备课或反思;区别还在于做事效率的高低,这就要求师范生不仅要充分利用时间,还要提高单位时间的做事效率,尽可能兼顾教学实习工作和班主任实习工作。其次,师范生应分清轻重缓急,抓住重点。在教育实习中,常常会受到各种因素的影响,有时很难做到兼顾教学实习和班主任实习,这时师范生在制订实习计划时就要分清任务的轻重缓急,做好统筹安排,有计划、有步骤地完成,避免面面俱到、顾此失彼的现象。如在教学实习中后期,当班主任工作实习已经步入正轨,实习生已经能熟练地做好一些常规工作了,这时师范生就可以侧重于教学工作的实习,提高教学技能。

第七章

教育研习训练

　　教育研习是师范生教育实习的重要环节。教育研习是对实习过程中的教育实际问题进行深入研究的实践活动，对于反思和改进教育理念和实践行为具有重要意义。师范生在教育实践过程中，不仅要训练学科教学能力、班主任工作能力、课外教育工作能力，还需要不断训练和提高教育研究能力。在众多教育研究能力当中，教育调查研究能力又是其中一个非常基础且重要的能力，也是师范生在教育实习中必须加以训练的教育研究能力。因此，它是教育研习训练的核心内容，本章将着重对教育调研能力训练方法与相关事项进行介绍，旨在为师范生进行教育调研能力训练和教育调研工作的开展提供遵循与参考。

第一节　调查研究概述

　　本节主要对什么是调查研究、调查研究有哪些类型、为什么要运用调查研究，以及怎样运用调查研究等四个基本问题展开论述。

一、调查研究的含义、特点与作用

（一）调查研究的含义

　　调查研究是指研究者有目的、有计划地在自然状态下，通过问卷、访谈等方法搜集资料，进而探究教育现象间关系的研究方法。通过口头或书面方式的调查，研究者可以在较短时间内搜集到大量的教育信息和资料，然后对这些资料进行分析，研究者不仅可以迅速了解某一教育现象的现状和教育现象间的关系，甚至可以预测其发展变化趋势。

（二）调查研究的特点

　　与其他研究方法相比，调查研究有以下三个显著特点。第一，调查研究是一种间接的研究方法。它不同于通过感官或借助仪器直接获取研究资料的观察法，而是通过调查对象对问题的选择或回答来间接地搜集资料的方法。因此，调查研究适宜搜集那些通过直接观察难以获取的资料，如采用问卷法与访谈法来研究中小学生的学习策略与方法等。第二，调查研究是一种研究当前教育现象的方法。它不同于以教育的史事为研究对象，受文献资料限制的文献研究法,它可以直接接触研究对象,研究当前的教育现象,如采用问卷法与访谈法研究中小学生的学习兴趣与态度等。第三,调查研究是一种自然状态下的主动研究方法。它不必像实验法那样需要严格地控制变量,它能在自然的状态下主动获取研究资料而不受实验控制条件的限制,如采用访谈法来研究中小学生在学科学习中的思维过程等。

(三)调查研究的作用

调查研究在教育研究中的广泛运用,与其强大的作用密切相关。其作用主要表现在以下三个方面。第一,调查研究能为既定的研究课题获取第一手材料。在调查研究中,研究者通过发放问卷、调查表或对调查对象进行访谈,可以了解真实情况,为既定的研究占有第一手材料,并为后续研究奠定基础。第二,调查研究能为教育行政部门制定教育政策、法规,为学校制定教育规划等提供事实依据。通过调查研究,研究者能够对获取的数据进行量化处理和重复验证,从而能比较准确地把握事实,发现问题。因此,教育行政部门能够依据调查研究所获取的材料制定正确的教育政策、法规,学校也可以根据调查结果制定适宜的教育规划。第三,调查研究是探索新的研究课题,推动教育事业和教育科学发展的重要方式。由于调查研究具有灵活、简便和普遍适用的优点,因此使用此方法可以及时了解教育的现状和事实,发现新的教育问题,进而探索新的研究课题。同时,研究者可以在总结和借鉴先进教育经验的基础上,提出解决问题的新见解、新理论,推动教育事业和教育科学的发展。

当然,调查研究和其他教育研究方法一样,具有一定的局限性,如因受调查者和研究对象的主观倾向、态度等的影响,调查的可靠性、客观性、准确性较低等。研究者明确其局限性,确定其适用范围,有利于将其作用最大程度的发挥。

二、调查研究的类型

教育调查研究可以根据调查任务、目的、对象、内容、范围、性质、搜集资料的方式等,从多种角度和多个层面加以分类。其中常见的分类有以下几种。

(一)按研究任务分类

根据研究任务,教育调查分为一般调查和比较调查。一般调查是以了解教育的普遍状况为目的的调查,如调查小学低年级学生的学习兴趣,调查高中生的消费观等。比较调查是就某个问题,在两个时期、地区、群体、个体等两者之间进行的比较性调查研究,如就城市学生和农村学生的学习条件问题进行专题比较调查。

(二)按研究对象分类

根据研究对象,教育调查分为全面调查(普遍调查)、抽样调查、典型调查、个案调查等。全面调查旨在全面了解总体的一般情况,得出普遍结论,为制定政策、规划提供可靠的依据。因此,全面调查要求在较大的范围内对每一个对象都进行调查。抽样调查是按抽样程序、方法从调查对象总体中抽取样本,并以样本状况推论总体状况的调查。典型调查是从调查的总体中选择一个或几个有代表性的对象进行全面深入地调查。个案调查也是从总体中选取一个或几个调查对象进行深入研究的一种调查方式,但它不要求研究对象具有典型性。它通过对一个具体对象(如个人、群体、学校)的全貌和具体过程的深入细致、全面的描述来了解其社会活动、生活方式、行为模式、价值观念、文化、规范等。个案调查的主要方法有参与观察、深度访问、重点访谈、生活史研究、个人文献分析等。

(三)按研究变量的性质分类

根据研究变量的性质,教育调查分为事实特征调查和征询意见调查。事实特征调查是对研究对象现有的特征、行为或事件的调查,如对某校高中教师工作焦虑的表现特点、原因及其对工作、生活的影响等方面进行调查。征询意见调查是指征求调查对象对某个问题的意见和建议,或请他们提出看法和进行评价,如中学生对某学科教师满意度的调查等。

(四)按研究问题和回答内容的标准化程度分类

根据研究问题和回答内容的标准化程度,教育调查分为结构性调查和非结构性调查。结构性调查,是指调查问题以及调查对象的回答形式是以预先设计好的固定模式出现,并可对回答结果作量化处理的调查形式,如用量表或以选择式的问题编制而成的问卷进行调查。非结构性调查,是指允许被调查者对所调查的问题进行较自由地回答,其结果是描述性的,如某些问卷中的开放性问题。

(五)按搜集资料的方式分类

根据搜集资料的方式,教育调查分为调查表法、问卷调查法和访谈调查法。调查表法就是用调查表进行调查、搜集信息的方法。问卷调查法是将研究者关注的问题编成问卷,根据调查对象对问题的回答来搜集数据资料的调查方法。访谈调查法是指调查者通过与调查对象口头交谈来搜集事实材料的方法。

三、调查研究的原则与过程

(一)调查研究的原则

调查研究包括多种具体的研究方法,各种方法的适用范围、操作要领也各不相同,但都必须遵循以下的原则,以保证研究目的的达成。

1.目的性原则

调查研究要有明确的目的,即要求研究的每一个步骤都要围绕着目的而进行。每次调查要解决什么问题、用什么方法和对哪些人进行调查更能搜集到想要的资料、问哪些问题才更有针对性等,这些都必须要有明确的指向性,才能保证调查研究的有效开展。

2.代表性原则

调查研究的对象要具有代表性。首先,根据研究的性质、目的和任务,限定调查对象的总体。如果总体界限太宽,会造成样本缺乏代表性;如果总体界限太窄,研究结论的概括性及结论会受到影响,也不符合调查研究的目的。其次,注意样本的代表性。在确定总体后,根据研究的目的、总体的特点等因素,选择恰当的抽样方法,确定合适的样本容量,以保证所抽取的样本更能代表总体的特征。

3.可行性原则

可行性原则是针对调查研究的实施而言的。可行性主要体现在以下几个方面:第一,选题上的可行性,即调查研究的课题应是与教育实践密切结合,具有针对性、实效性的问题。第二,研究方案上的可行性,即调查研究方案具体、明确、操作性强。第三,研究条件上的可行性,即调查的现实条件,如经费、人力、时间,以及研究者的研究能力等能够满足调查研究的需要。第四,工具和方法上的可行性。研究者编制的问卷应具有信度、效度和实用度,同时,研究者能灵活运用访谈技巧以获得真实的资料,并合乎规范地对资料进行统计分析,然后撰写好调查研究报告。

4.完整性原则

完整性原则主要是针对所搜集的调查资料而言。要保证调查资料的完整性,必须要做到以下两点:第一,慎重选择研究方法。研究者只有采用适合的、有效的方法和手段,才能使调查资料正确、如实地反映和说明客观事实。第二,科学、规范地操作各个研究程序,减少资料搜集、整理和分析过程中的误差,以保证资料的全面性和准确性。

5.标准性原则

标准性原则主要是针对调查程序而言的。调查研究中,调查设计所确定的各项工作方案在具体实施时要有统一的要求,即实现调查研究过程的标准性。要求采用统一的指导语、统一的问卷格式、统一的调查表格和记录方式,对搜集的资料按统一标准进行分析。

6.真实性原则

调查研究的资料分析和研究结论必须可靠、客观。研究者要根据客观实际来设计和实施调查研究,不能从主观愿望出发来设计调查工具、归纳调查结论等。当通过调查、分析所得结论与假设不相符合,与研究者的愿望和期待不一致时,不可以篡改数据。另外,在进行材料分析时要充分考虑被调查者的观点、态度的差异性,有时被调查者的个性化特征会影响材料的真实性。

(二)调查研究的基本步骤

如上所述,调查研究包括多种具体的方法,比如问卷调查法、访谈法等,各种方法的具体实施步骤虽不一样,但大致都包括以下几个阶段。

1.明确研究课题

明确研究课题,包括明确调查的内容和调查的目的两方面。这个阶段主要是明白"研究什么问题"和"为什么研究此问题",这是开展调查研究的前提。只有明确此两方面,才能清楚本调查所应关注的问题,然后进一步有针对性地选择相关信息,从而有效地开展调查研究。这里需考虑三个方面的问题:第一,本调查涉及什么教育问题,需要搜集哪些相关数据信息;第二,该内容是否具有研究价值和意义;第三,该内容是否具有创新性和可操作性。

2.进行调查设计

明确了研究的目的和内容后,研究者需要统一规划研究的各个方面和每个步骤,即进行调查设计。调查设计是研究者确定调查研究方案的过程,也就是对调查研究过程的设想和规划,它是具体实施调查研究的指南。具体而言,调查设计主要包括确定调查对象、选择调查方法、制订调查计划、做好物资和组织准备四个方面。

(1) 确定调查对象

调查研究是一种间接的研究方法,主要以问卷或者访谈等形式搜集资料和数据,因此调查的对象直接关系到所搜集到信息的有效性,关系到研究目的、研究内容、资料搜集和分析整理、研究费用和时间、研究结果的应用等。对调查对象的确定包括两个方面:一是确定调查的总体,二是确定调查的样本。总体是要调查的全部对象,如北京市大学生消费观调查研究,此课题中北京的所有大学生就是研究的总体。样本是从总体中抽取出来的,能够代表总体的研究对象。由于大多数调查研究总体都较大,不可能对他们进行一一调查,所以选取部分代表总体进行调查,如在北京市大学生消费观调查研究中,研究者往往从北京大学生中抽取部分进行研究,进而推论总体的特征。因此,样本的选取一定要具有代表性,关于样本的容量、选取等方面,我们将在后面详细说明。

(2) 选择调查方法

调查研究的具体方法有很多种,不同的方法为不同类型的研究课题服务。调查目的、调查内容、调查对象等方面,都影响着调查方法的选取。常用的两种调查方法是问卷调查法和访谈法,本章将重点介绍这两种方法。在此阶段,研究者要根据各种具体研究方法的优缺点、适用范围等来选择适合的方法。方法不同,研究策略、研究步骤等就会不一致,准备工作也会不相同。当然,在实际操作过程中,也可以根据具体情况综合运用多种调查方法。

(3) 制订调查计划

调查计划的制订是对调查工作进程的安排,是为了使调查系统化、可操作化。调查计划要对调查的目的、时间、地点、调查方式、调查对象,调查人员分工,调查报告及其完成等进行细致阐明。在编制调查计划时要考虑调查项目的科学性、可操作性等方面的问题。

(4) 做好物资和组织准备

这些准备工作主要包括:设计调查问卷或编写访谈提纲;准备记录工具;访谈对象的联络方式和访谈时间、地点的安排等细节上的准备;调查人员的分工及培训等。

3.调查实施阶段

(1) 准备性调查

准备性调查也是一种试探性的调查。通过调查,可以得到对被调查者的一般认识,也可以发现调查问卷或提纲中的问题,以期尽可能地完善调查设计,顺利地开展调查工作。

（2）正式调查

正式调查阶段的主要工作是通过调查研究搜集资料。调查者用设计好的问卷、访谈提纲等对调查对象进行调查，搜集课题所需要的信息资料。搜集的资料要确保客观性、典型性和真实性。

4.分析阶段

此阶段的主要任务是整理和分析资料。搜集到的资料可能是繁杂、无序的，这就需要进一步对调查所获得的数据资料进行整理，使其系统化。然后再对整理好的资料进行分析，以发现问题，并分析问题存在的原因，进而提出解决问题的合理建议。

5.总结阶段

这一阶段的主要工作就是撰写调查报告。

第二节 问卷法与访谈法

本节着重对问卷法和访谈法的基本步骤进行详细介绍,可为师范生有效使用两种方法开展调研活动提供具体参考。

一、问卷法的基本步骤

问卷法是以书面提出问题的方式搜集资料的一种研究方法。研究者将所要研究的问题编制成问题表格,以邮寄方式、当面做答或追踪访问方式填答,从而了解被试对某一现象或问题的看法和意见,所以又称问题表格法[①],具有标准性、匿名性、间接性等显著特点。其实施步骤主要包括确定研究目的、抽样、设计问卷、试测、正式测量、数据的统计与分析、撰写研究报告等七个方面。

(一)确定调查目的

和其他调查法一样,问卷调查法的第一步是确定调查目的。调查目的是问卷设计的灵魂,是问卷编制的出发点和中心,影响调查对象的选择、调查范围的限定、调查内容的选择、调查结果的分析等。因此,首先要确定调查的目的。

(二)抽样

虽然问卷法具有可以实施大规模调查的优点,但许多调查研究的总体都非常大,不可能向每个研究对象发放问卷,再回收与分析问卷。因此,必须从总体中抽取一定数量的样本来代表总体的特征,研究者通过对样本的研究得出相关结论,进而推论总体的情况。研究的可靠性直接依赖于样本的代表性,而样本的代表性直接由抽样来决定。因此,抽样是问卷调查法的重要环节。

1.样本容量

样本容量是指样本中所包含的个体的数量。一般来说,样本容量越大,越能代表总体,因此确定样本容量时应根据人力、财力等方面,尽可能地选择大样本进行调查。当总体的分布不均时,样本容量也应足够大。因为样本应该尽可能地体现出总体的特征,但当总体分布不均时,具有某方面特征的个体被抽取的概率就比较小,这时唯有增大样本的容量才能相应增大它们被抽取的可能性,也只有这样总体在样本中才可能得到较全面、准确地体现。这里要注意的是,样本容量越大,发放、回收问卷以及对数据进行统计、分析的难度就越高,越容易产生误差,为了尽力保证研究的准确性,研究者要做到认真、细致以减少误差。

2.抽样的方法

抽样的方法是否科学、合理,直接关系到样本的科学性、代表性。抽样方法有很多种,

[①] 裴娣娜.教育研究方法导论[M].合肥:安徽教育出版社,1995:167.

常用的抽样方法有:(1)简单随机抽样法,即用抽签或随机数字表等方法,随机地从总体中抽出若干个体的方法。(2)等距抽样法,又叫间隔抽样法。具体做法是先将总体编号,然后根据总体数量和样本大小确定抽样的间隔数。(3)分层抽样法,也叫分类抽样法或比率取样法。即先将总体按照一定标准分成几个类别,然后确定每个类别的数量在总体数量中所占的比例,并据此确定每个类别应该抽取的人数,最后按照简单随机抽样法,从每个类别中抽取出所定数量的样本。(4)多级抽样法,又叫多段抽样法。即先按照一定标准将总体分成若干个群,称为抽样的第一级单位,然后按照一定标准把每个群再分成若干个子群,称为抽样的第二级单位,以此类推,在每级单位中随机抽出样本。当总体范围大,数量多时,多用此方法抽样。(5)整群抽样法,又称集体抽样法或类聚抽样法。即先将总体按照一定标准分为若干个群,然后再根据一定标准将几个群整体抽取出来做样本。当某些研究是以一定单位进行研究时,就有必要以群为单位进行抽样。此方法最常用在以班为单位进行教育实验的研究中,由于实验以班为单位,所以通过调查搜集数据时,往往将班作为抽样的单位。

(三)设计调查问卷

当样本确定后,研究者接下来的工作就是编制调查工具——问卷。问卷通过预先准备的问题来搜集资料、数据,是研究者搜集信息的工具。工具是否科学、合理,决定着结果是否准确、有效,因此问卷编制是问卷调查法的核心。当然,有些调查研究可以运用前人已经较成熟的问卷,或将其进行改编,但由于调查目的、调查对象的不同,大多数问卷需要研究者自行设计。问卷的设计主要注意以下几个方面。

1.问卷的结构

问卷由指导语、问题、结语三部分组成,只有科学地设计每个部分,才能保证整个问卷的有效性。(1)指导语,是以简明易懂的语言来指导被调查者填写问卷的说明,指导语通常包括调查的目的和意义、关于匿名的保证、对被调查者回答问题的要求、调查者个人的身份或组织名称、对被调查者的合作与支持表示感谢等信息。(2)问题。问题是问卷的主体,问题的设计是问卷编制最重要的内容。关于问题设计的相关内容在后面再作详细介绍。(3)结语。结语一般有三种形式,一是对调查对象的合作再次表示感谢;二是提醒调查对象不要漏填题目,以及对问题回答进行复核;三是征询调查对象对本次调查的意见。

2.问题的提出

问卷由若干个问题组成,那么这些问题是如何提出的呢?问题的产生不是随心所欲的,而是要综合考虑调查目的、内容、对象等多方面的因素,要做到每个问题之间有内在的逻辑联系,且都对调查目的的达成起着重要的作用。在此简要介绍两种提出问题的方法。

(1)分解中心概念法

一份问卷一般包括1~2个中心概念,问卷的问题就是围绕中心概念提出的。此方法的步骤是:明确核心概念——分解核心概念,划分问卷维度——分解维度,提出具体问题。以《少年儿童主体素质结构问卷》为例,课题组首先确定问卷的核心概念是主体性,然后通过讨论、查阅资料等方法,根据哲学认识论、教育科学、心理科学等有关理论将主体性分为独立性、主动性和创造性三个方面,这三个方面即是问卷的三个一级维度。这三个方面仍然非常抽象,不易编制题目,所以又将独立性分为自尊自信、自我调控、独立判断决断、自觉自理四方面,将主动性分为成就动机、竞争意识、兴趣和求知欲、主动参与、社会适应性五方面,将创造性分为创新意识、创造性思维能力和动手实践能力三方面,即分为12个二级维度。这12个方面就比较容易理解,研究者再根据每个方面的内涵,将维度进行分解,设计出57个题目,组成完整的问卷,层次结构图如下:①

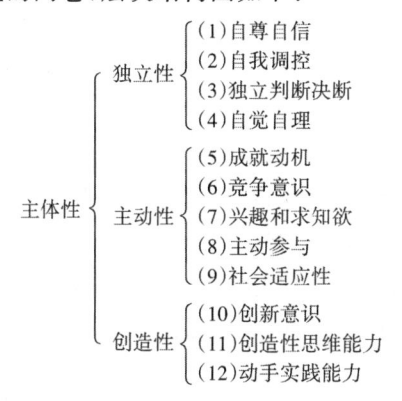

```
         ┌ 独立性 ┌ (1)自尊自信
         │        │ (2)自我调控
         │        │ (3)独立判断决断
         │        └ (4)自觉自理
         │
         │        ┌ (5)成就动机
         │        │ (6)竞争意识
主体性 ┤ 主动性 ┤ (7)兴趣和求知欲
         │        │ (8)主动参与
         │        └ (9)社会适应性
         │
         │        ┌ (10)创新意识
         └ 创造性 ┤ (11)创造性思维能力
                  └ (12)动手实践能力
```

图7-1　主体性层次结构图

（2）开放性问题试测法

某些问卷可以先进行一些开放性问题试测,通过对结果的分析、归纳,构建出问卷的基本结构,再根据结构来设计具体问题。如对学业不良的原因调查,研究者事先不知道学生学业不良的主要原因有哪些,就可以先对部分学业不良学生进行开放性的试测,通过调查发现其主要原因可能是信心不足、人际关系不好、学习方法不当等方面,接下来就可以根据这些方面来构建出问卷的基本结构,然后再设计具体问题。

3.问题的类型

（1）开放式问题

开放式问题是只列出问题,不列出答案,让调查对象自由回答的问题。开放式问题多用于较深层次问题的研究,如,您参加课外辅导班的原因是什么？班主任老师对您最大的影响是什么？开放式问题的优点在于提问较容易,调查对象回答问题时不受限制,回答真实。其局限性在于不利于统计,不能用于定量分析。

（2）封闭式问题

封闭式问题是既列出问题,又列出答案,以让调查对象进行选择的问题。封闭式问题又分为五种：第一,肯否式,即列出的答案只有肯定和否定两种。第二,多项选择式。在每个问题后列出多项答案,让调查对象选择,可以限制选择的数量,也可以不对此作限制。

---

①裴娣娜,等.教育实验理论假设的建构与验证[J].教育研究与实验,1995(1).

答案的选项要尽可能全面,避免出现调查对象想回答的答案没有相应选项的情况,并且各项答案彼此之间不能有交叉和包容现象,否则会使调查对象很难作答,影响调查的准确性。第三,排序式,即列出多项答案,让调查对象进行排序,但应说明是按什么顺序来排。需要注意的是,这种题目回答所需时间较多,调查对象往往要前后斟酌才能排出序号,因此每项题目内的选项不宜太多,每个调查问卷中的此种题目也不宜太多。第四,等级式,即列出问题的各个等级,让调查对象回答其程度。第五,定距式。当要求调查对象回答的答案是一个区间而不是具体的点时,问卷的问题设计就需要用定距式。

封闭式问题的优点在于易于回答和统计分析,但给编制问卷提出了更高的要求。不同的问题形式其编制要领不相同,在设计问题时要根据问题的内容和形式进行综合考虑,以确定选用何种问题形式。

(3)半封闭式问题

半封闭式问题是封闭式和开放式问题的综合。最常用的半封闭式问题是在备选答案后增加"其他"选项。因为问卷编制者有时不能预先穷尽所有答案,所以往往通过增加"其他"选项来预防有所遗漏。另外一种常用的半封闭式问题是追问法,常常在列出的答案后面追加了解原因、动机等方面的题目,以利于更深层次地分析问题。

4.问题的排列顺序

问题设计好后,应该如何排列呢?合理的排序有利于调查对象更好地理解问卷。常用的排序方式有以下几种。(1)时间排序法,即按照事件发生的先后顺序排列。可以是由近及远,先问最近发生的事情,再问原来的事情,也可以由远及近,总之要按照一定顺序来排列。(2)内容排序法,即按照问题的内容进行排列,将同维度的题目、同性质的题目排列在一起。(3)难度排序法,即按照问题的难易程度来排列。比较容易回答的、一般的题目排在前面,而回答难度较大的、特殊的问题排在后面,特别是涉及某些专业性的问题,要排在后面。

其他需要注意的是:事实性问题(如性别、年龄、所在学校等)一般在问卷的最前面;涉及个人隐私、比较敏感的题目排在后面;开放性问题一般在问卷的末尾;问卷较长时,重要的问题不要放在末尾。

5.问题的设计技巧

问题的设计是问卷编制最重要的环节,因此,研究者在设计具体问题时,除了注意问题的提出、类型、排列等方面以外,还需要注意一些细节问题。要保证问题的科学性,以下一些问题设计技巧是不能忽略的。(1)问题的数量要合适。有些问卷中的问题涉及的方面和题目都太少,以至于看起来像是访谈提纲而非是调查问卷,这样就很难全面地搜集到所需的信息,难以达成研究目的。而许多研究者为了全面地获取信息,更易犯的错误是问卷设计得太长。如果题目过多,易使调查对象产生倦怠感,影响问卷的回答质量,而且多次收到这样的问卷后,会对问卷产生消极态度,不愿意回答,对后续研究产生不利影响。(2)尽量不用专业术语和俗语。设计问卷时,尽量不使用专业术语、俗语等,如果一定要用到,则需要做一定的解释。(3)避免出现带偏见或暗示性的问题。带有偏见或暗示性倾向的问题会影响研究的客观性和准确性。(4)不要出现双重否定的句子或词语。由于时间等因素,问卷填答者往往不会仔细推敲每个问题,而双重否定的词语或句子容易使他们的回答与自己的原意相反。(5)避免出现意思不明确的词语。如几个、大多、相当等,这些词语的含义比较模糊,不同的人理解不一致,这样搜集起来的信息也不准确。(6)避免一个问题中包含两个调查点。如,我喜欢语文课、政治课。当调查对象只喜欢语文课或者只喜欢政治课时,就很难对此题进行准确的回答。修改时应将此题分为两个题目,每个问题中只含一个调查点。(7)尽可能使问题简短。在能够清楚表达问题的前提下,问题越简单、简短越好。(8)采用间接法和虚拟法来对待敏感问题。间接法即不要求调查对象直接回答,而是先给出他人的回答,再要求调查对象对他人的回答进行评价。虚拟法即要求调查对象在假设的情境中回答问题。直接法和虚拟法的应用可以提高对敏感性问题的回答率,也有助于提高所搜集信息的准确性。(9)设计少量测慌题。设计测慌题的目的是为了避免某些调查对象不负责任胡乱回答,以此增加问卷的可靠性。测慌题的内容一般是大多数人都做不到的事情,如:我喜欢我身边的每一个人;我上课从来不走神。如果调查对象对这些问题的回答不符合事实,显示出其回答不可靠,则对其回答的数据不予统计。

(四)问卷的预测

在正式使用问卷之前,一定要对问卷进行预测。预测是正式测量的重要准备环节,特别是对问卷的完善发挥着重要作用。预测应考虑以下几个问题。

第一,预测样本的选择问题。大多数预测可以直接从正式测量的样本中选取一个样本进行测试,而有的题目如果不宜进行重复测试,也就是为了避免调查对象在第二次回答时的准确性受影响,预测时就应选择和正式样本相似的群体进行研究。

第二,预测的方法问题。一是预测问卷在格式上和正式问卷一样,回收问卷后,对其数据进行统计分析,删除信度、效度未达到要求的题目;二是在预测问卷的每个题目后留出一定空间,让调查对象填写对此题的看法和意见等,给研究者进一步修改问卷提供参考;三是让调查对象用自己的话陈述他们对每个问题的理解,看他们的理解是否与研究者的原意一致,如果出现偏差,则说明此题的表述不太准确,需要进行修改。

第三,预测问卷的题目数量问题。预测问卷的题目数量应该比正式问卷的题目数量多,因为预测后会淘汰信度、效度不高的问题。为了使问卷更为完善,有时甚至还要进行二次、三次预测,直至所选用题目符合要求为止。

(五)问卷调查的正式实施

前面的所有步骤都是为调查的正式实施做准备。问卷调查的实施方式一般有:团体回答式、当面填答式、邮寄式、问卷星等。

(六)问卷数据、资料的分析

回收问卷之后就需要对问卷进行整理、分析,此过程要遵循客观性原则,实事求是地进行统计分析。

(七)撰写调查报告

后面将详细介绍。

二、访谈法的基本步骤

访谈法是指通过与被调查者面对面进行交流、讨论而搜集资料的一种方法,它是一种有目的的、个别化的研究性交谈,与日常生活中的交谈不一样。其特点主要表现在以下两个方面:第一,具有明确的目的性。访谈并不以从访谈对象中得到实际利益为目的,而是希望通过访谈来得到有利于进行研究的信息。第二,访谈所反映的是一种客观事实。访谈所得的信息是根据访问对象的答复来搜集的客观的、不带任何主观偏见的事实材料,以期能说明样本所要代表的总体。尤其是在研究比较复杂的问题时需要向不同类型的人了解不同类型的材料。[①]总之,准确理解访谈法的内涵是教育研究中科学、合理地运用访谈法的前提,要在教育研究中充分发挥访谈法的功能,关键还在于正确操作访谈法的每一个实施步骤。

研究者要保证访谈法在教育研究中有效运用,就要按照科学而合理的基本步骤来操作。我们把访谈法的基本操作步骤归纳为以下几步:确定访谈目的、确定访谈对象、设计访谈形式、培训访谈人员、拟定访谈问题、访谈预测、正式实施访谈、整理并分析访谈数据。下面就每一个操作步骤作详细说明。

(一)确定访谈目的

确定访谈目的即是要明确用访谈的方法来解决什么问题。访谈的目的大致可以分为以下三种:一是通过访谈来搜集事实性资料,如研究小学生课业负担问题,可以通过对小学生及其家长的访谈来搜集课业负担方面的例子,为相关结论提供佐证。二是通过访谈来征询意见,如某教育法规颁布后,研究者通过访谈来了解人们对此法规内容、实施等方面的意见。三是通过访谈来了解情感、动机等内在特征,如通过访谈来调查中学生的理想、信仰等。访谈的目的不同,选取的访谈对象就不同,访谈形式、访谈方法等也会有所差异,所以目的的确定是进行访谈的首要步骤。

(二)确定访谈对象

确定访谈对象应以有利于获得所需要的真实信息为原则。第一,选择访谈对象的范围应该与问题的范围一致或相关。因为,只有在与问题一致或相关的范围内,访谈者才可能获得所需要的信息。第二,在与问题一致或相关的范围内,访谈对象多用目的抽样法和随机抽样法两种方法来选取。目的抽样法是研究者按一定目的或要求进行抽样的方法。随机抽样法即是随机地抽取样本,保证总体中每一个体都有相同的机会被抽取的抽样方法。

(三)设计访谈形式

设计访谈形式是运用访谈法较关键的一环,访谈形式能否正确设计和选择直接关系

[①] 裴娣娜.教育研究方法导论[M].合肥:安徽教育出版社,1995:180.

到能否通过访谈得到有效的信息。定性研究和定量研究中的访谈形式是不同的。

1.定性研究中的访谈形式

定性研究中的访谈形式主要有以下三种:非正式访谈、一般访谈和标准随机开放式访谈。(1)非正式访谈,即谈话不需按照严格的程序按部就班地进行,具有较大的灵活性的访谈方式。双方的谈话都很自然,受访者非常放松,甚至没有意识到自己正受到访问,在这种融洽的氛围中,访谈者更有可能获得有效的甚至是意想不到的信息。但这对访谈者的专业素质有较高要求。(2)一般访谈。要求按照一定的步骤进行,要事先列出一系列与访谈对象探讨的问题或话题,而问题或话题的次序或措辞并不预先设定,访谈者可以视当时的情况,对问题做适当的调整和修改。(3)标准随机开放式访谈。要求对每个对象提出预定的顺序和措辞相同的一套问题,以便将偏差降低到最低限度。在向多位受访者搜集数据时,此法特别合适。[①]

2.定量研究中的访谈形式

定量研究中的访谈形式主要有结构式访谈、非结构式访谈和半结构式访谈。(1)结构式访谈,是访谈者按照封闭式问卷依次向受访者提问并要求受访者按规定要求回答的一种访谈方式。这种方式使得受访者的回答无法达到更深层次,因此与问卷调查得到的信息相似。[②](2)非结构式访谈,是一种随意、自由、开放的谈话方式,主要指访谈者按照粗线条的访谈提纲或开放式问卷进行访谈,访谈对象的回答不受约束,可以自由发表自己的意见。(3)半结构式访谈,是介于结构访谈与非结构访谈之间的访谈形式。主要是指在访谈过程中,访谈者提出一系列结构式问题,然后使用更深层次的启发式问题以得到更多信息。这种访谈虽有事先制订的访谈提纲和标准化题目,但给受访者较大的谈话空间和余地,并且可以灵活地调整访谈问题。每种访谈者都有其优缺点和不同的适用范围,访谈者应当根据自己研究的需要来确定访谈形式,以获取有效的信息。

(四)培训访谈人员

访谈人员的专业素质直接影响到访谈的顺利进行和获取信息的有效性。访谈人员最重要的能力就在于主动与受访者友好相处。同时,访谈人员还需要掌握访谈的目的和方法,熟悉访谈法的类型,掌握访谈的方法和技巧,提高搜集、整理和分析资料的能力,这需要从观摩中去模拟,从实践中去提高。

(五)拟定访谈问题

拟定访谈问题是保证访谈按照预定目的顺利进行的重要因素。访谈者应当根据研究的目的来设计具体而有效的问题,对提问的方式也要做周全的考虑。其中要特别注意以下几个方面。

---

① [美]梅雷迪斯·D.高尔,沃尔特·R.博格,乔伊斯·P.高尔:教育研究方法导论[M].许庆豫,等译.南京:江苏教育出版社,2002:261.

② 刘电芝:教育与心理研究方法[M].重庆:西南师范大学出版社,1997:236.

1.访谈问题要围绕研究目标来设计

设计问题时,可以把研究的总目标分解成若干个具体的目标,并用与之相应的问题反映出来。只有这样,才能确保访谈不会偏离主题。如"学生学习方法调查"中的访谈提纲可以是:①你上新课前,每次都预习吗?你是怎样预习的?②你是怎样听课的?③每天课后你都复习功课吗?④你是怎样完成作业的?不会的问题怎么解决?⑤学完一个单元你进行阶段复习吗?你是怎么进行复习和小结的?[①]由此可见,访谈中的问题设计一定要有针对性,清晰明确,只有这样才能在实际访谈中收到好的效果。

2.问题的表述要通俗易懂

由于研究的需要,受访者可能会是不同职业、不同年龄、不同文化程度、不同生活背景的人,在设计访谈问题时要尽可能根据受访者的实际情况而变换问题的表述形式,要仔细揣摩问题的措辞,用恰当的、易于理解的方式来表述问题,要避免使用专业术语和访谈对象难以理解的语言。

3.问题中不要有带倾向性或暗示性的词语

访谈者在访谈过程中应该遵循的重要原则之一就是客观而真实地反映受访者的信息,不能把自己的主观想法和个人对某些问题的好恶在提问时表露出来。问题的措辞不能带有倾向性,提问的用语要尽量采用中性的词语,并尽量避免出现贬义词和褒义词,也不要在提问中带有某种暗示。

4.要设计不同层次的问题

在访谈中设计不同层次的问题是极为重要的,它可以给访谈者带来许多方便。因为,访谈法需要对访谈对象提出许多问题,而这些问题有的是一般性的了解情况,有的是比较敏感的,如果事先没有对这些问题分层次设计,在访谈的过程中就可能处于被动的局面。因此,在访谈的不同阶段,要根据需要来设计不同层次的问题。同时,要安排好问题呈现的次序,可以把容易回答的、比较放松的、事实性的问题放在前面,这样有助于营造一种融洽和谐的谈话氛围。把那些复杂的或不好回答的、敏感的问题放在最后面,以逐层深入的方式来进行访谈。

(六)访谈预测

在完成了以上几个步骤后,访谈的前期准备工作也算基本完成了,但还需要对访谈进行预测,即进行试谈,预测访谈过程中可能会出现的情况和问题。试谈的目的在于检查所设计的问题及其提问方式是否合理,所确定的每一个问题可能的回答是否全面。在进行访谈预测时,要注意以下几方面的工作:第一,不同的访谈开始方式对访谈是否能顺利开展有着重要的影响,因此访谈预测时可尝试运用不同的开始方法,以便确定哪一种方式更有利于拉近与受访者的距离,更有利于访谈的顺利进行。第二,试谈的对象要与正式访谈对象相似,但不能是正式访谈的对象。第三,在试谈过程中,访谈者要观察受访者的参与度,尤其要密切关注受访者缺乏积极性的现象。这样做的目的就是要及时发现问题并修

---

① 马云鹏.教育科学研究方法[M].长春:东北师范大学出版社,2001:153.

正,以保证在正式访谈中受访者具有积极的参与性,能很好地参与到谈话之中,大胆地表达自己的真实想法。第四,访谈者还应关注自己数据的记录方法是否合理,能否详细地记述当时的访谈情况和访谈内容,记录方法是否会引起访谈中过多的停顿而给访谈带来某些困难等问题。第五,预测每个问题的措辞是否合适,会不会引起歧义和访谈对象的厌恶。通过这项工作,可以使访谈者确定哪些问题有歧义、不合适,使各个问题在内容和表达形式等方面得到完善。

(七)正式实施访谈

在试谈之后就要进行正式的访谈了。在正式的访谈过程中要顺利完成访谈任务应注意以下问题。

1.确定访谈时间和地点

访谈是两个人或多个人之间的互动,所以需要事先确定访谈的时间,包括确定访谈的次数、每次访谈的日期、每次访谈开始的时间、每次访谈持续的时间。确定访谈时间应以能够满足调查目的的需要为度和方便访谈对象为原则。访谈的场所选择也比较重要,一般地说,访谈者与受访者应该事先约好,谈话的场所最好只有谈话双方,不要有其他人的干扰,因为无关人员在场一定程度上会影响访谈者与受访者的交流,特别是涉及某些敏感或隐私话题时,受访者可能会有心理压力,从而影响访谈的真实度。

2.访谈的引入

访谈的双方往往不太熟悉,要保证访谈的顺利进行,在访谈的引入阶段就要尽力创设友好的访谈气氛,拉近双方的心理距离。在此阶段,研究者可以做简要的自我介绍,说明来意,消除受访者的顾虑,然后以轻松、自然的方式引入到访谈的问题上来,开始的一两个问题要尽量简单,慢慢过渡到实质性问题。

3.访谈的展开

访谈通常是通过问题来展开的,而受访者在回答问题的过程中,访谈者必须要给予一定的回应,以此来鼓励受访者,推动访谈的进行。因此,在访谈的展开过程中,提问的技巧和回应技巧发挥着重要的作用。

(1)提问的技巧

提问的目的在于访谈者想从受访者那里获得某些研究所需要的信息。访谈的整个过程也就是访谈者和受访者问答、交流的过程。因此,提问的技巧对访谈的顺利进行具有举足轻重的作用。提问的主要技巧有:发问的技巧、各种提问方法的合理使用等。发问的技巧在于,在访谈开始时,不宜直接进入主题,而是要迅速寻找、发现受访者感兴趣的话题或是从赞扬话题入手,使访谈对象产生兴趣与好感,消除紧张气氛,为正式访谈营造融洽而和谐的氛围。要合理使用几种提问方式,根据不同的问题类型来采用不同的提问方法。提问的方法有提纲法、追问法、前后对比法等。在这一过程中,访谈者不能只按照自己事先设计的访谈提纲逐一把问题抛出去,而全然不顾访谈对象在说什么或想什么,这会使访谈对象感到不安甚至厌恶。同时,在追问的过程中不能伤害访谈对象的情感,不能强迫其作答,要把握好追问的时机和度,自然流畅、适时地提出问题。

另外,提问还应注意以下的问题:一是提出的问题要清晰明确,便于理解,不要提那些语句复杂、含混不清的问题。二是提问的方式、问题的表述要适合访谈对象的知识水平和习惯。三是访谈者要做好访谈过程中的心理调控。访谈者要善于沟通,关键是要以诚相待,形成融洽的访谈关系。尤其要关注访谈对象的情绪变化,尽量避免访谈对象由于情绪影响而对访谈的话题产生厌倦,甚至不合作、不参与。四是对访谈对象的回答不做任何评价,要保持中立态度。五是在提问过程中要对访谈对象的非言语信息保持敏感,如动作、面部表情、眼神、说话和沉默的时间长短、说话时的音量等,要分析和利用这些细微变化所传递的信息,从而得到有利于研究的信息。

(2)回应的技巧

回应是访谈者对受访者在访谈过程中的言行所做出的言语和非言语的反应。回应的前提是学会倾听,在与受访者的谈话过程中,访谈者不要轻易打断受访者的谈话,如果老是打断受访者的谈话,可能会引起对方的反感而导致不合作,使访谈失败。因此,要想获得真实可靠的资料,就要耐心倾听访谈对象的声音,也只有认真倾听了才会对受访者的谈话做出恰当的回应。第一,言语的回应,主要是在访谈过程中,访谈者对受访者的谈话做出语言上的回应,应不时地以"嗯""噢""是吗"或简单地重复关键词语来鼓励和维持访谈。第二,非言语的回应,是指访谈者在访谈过程中以手势、表情、目光交流等对受访者的谈话做出回应。由于受访者会根据访谈者的反应来调节自己的谈话时间、谈话速度等,若访谈者毫无表情,对受访者的谈话毫无反应,那么访谈对象就会产生不良情绪,给深入访谈带来困难。

在回应中也要注意一些问题。首先要使用中性的回应,如重述题目、停顿不语、解释说明、重述等,不要出现带有个人情感偏向的回应。其次,不要对访谈对象的谈话内容妄加评说,这样的回应会让访谈对象感到有心理压力,往往难以维持对话的平等和交流的自然流畅,尤其不要对他们的回答进行好与不好的评论,这样做的后果就是访谈对象有可能隐瞒其真实想法,刻意说出符合"要求"的想法,从而直接影响到获取信息的真实性。

4.如实记录访谈过程

在访谈过程中,除了要做好提问这一环节外,做好访谈记录也是非常重要的一环。记录是访谈过程中以书面材料或音像材料的形式详细搜集资料的过程。记录直接影响着调查研究的结果,因为一旦记录方式不正确,访谈者就会把大部分精力放到记录上,不但耽误时间而且还会影响访谈的进度,甚至会影响到访谈的质量,有时由于记录方式不当还会遗漏访谈过程中的重要信息,所以,对于访谈者来说,掌握记录的方法和技巧是有效地进行访谈的必要条件。记录的方式有两种:一是现场访谈人员对受访者回答的记录,主要是通过纸笔记录;二是通过录音或录像的记录。两种方式都各有其长处,一般说来,纸笔记录的好处就在于分析数据、资料时,记录的信息可以直接使用;而音像资料能完整地保留谈话的情况,减少误差,通过再现谈话过程来完成资料的整理和分析。

记录中也要注意以下问题:一是要征求访谈对象的同意,允许现场纸笔记录或是录音录像。二是要如实记录访谈对象的原话,不要加入主观倾向的评说或是访谈者经过加工润色后的谈话内容。三是边问、边听、边记,避免遗忘细节或重要内容。四是用规范的记录表记录。

(八)整理并分析访谈数据

在所有的访谈结束后,访谈者要对访谈中所搜集的材料、数据进行整理和分析,并撰写访谈报告。首先是对访谈记录资料的分类和编码。对于访谈录音记录的整理,应按照时间顺序将声音信号变为文字信号进行记录,应严格按照访谈时的原话进行整理,不能随意地增减。在整理访谈录音时,对受访者语气的变化等,应该以括号或其他形式加以标注。对于访谈中纸笔记录的笔记如果有要点,那么一定要尽快根据要点回忆当时的情景和对话,根据回忆最大限度地补齐记录,以免因为遗忘而遗漏了重要信息。对访谈所搜集的材料、数据进行整理完毕之后,就要对结果进行统计和分析了。统计分析要解决的问题主要有三个:第一,辨别出访谈对象的哪些表述是可信的,哪些是不可信的,其理由是什么;第二,访谈对象所陈述的哪些方面能够佐证访谈之前的理论假设,而哪些方面不能佐证;第三,访谈所得到的结论在什么范围内适用,理由又是什么。[1] 而统计分析的方法在一般情况下,可以采用描述统计的方法,计算出各类型回答的平均数或百分比,或对访谈中表述的性质进行直接分析。最后就是在资料分析整理的基础上,对研究问题进行分析论证,得出研究结论,并撰写访谈报告。访谈报告的内容主要包括三个方面,即回顾访谈计划、描述访谈过程、陈述和分析访谈结果。

---

[1] 颜玖.访谈法在社会科学研究中的应用[J].北京市总工会职工大学学报,2002(2).

第三节 调查报告的撰写

调查报告是反映教育调查过程和结果的一种研究报告,它着重把教育调查研究取得的结果、观点或某种理论,用一定的形式表达出来。它是在一定教育思想指导下,通过对教育调查材料的整理、分析而写成的有事实、有分析、有理论观点的文章。从内容上来说,调查报告包括提出问题、分析问题和解决问题;从结构上来说,调查报告由标题、前言、研究方法、研究结果、分析讨论及附录六部分组成。

(一)调查报告的基本结构

1.标题。调查报告的标题非常关键,应以简练、概括、明确的语句反映所要调查的对象、领域、方向等问题。标题应能概括全篇,引人注目,如"重庆市农村留守儿童心理素质状况的调查研究",该标题用比较精练的语言指明了所要调查的范围、对象与内容,使读者一看题目就能清楚该调查报告的基本内容。

2.前言

调查报告的前言即"问题的提出",这部分应该向读者介绍该调查研究要解决什么问题,以及研究这一问题有何价值。这部分虽然在整个调查报告中分量不大,但位置重要,对整篇文章起着提纲挈领的作用。前言要写得简明扼要,紧扣主题,既要突出中心,又要为正文的展开提供必要的基础和准备。前言的内容主要包括研究的课题、研究的现实意义、研究的概况和研究的主要内容等。

(1)研究的课题,即要研究什么问题。这主要包括两个方面:一是这一研究要关注什么现象或问题;二是对于这一现象我们具体要解决什么问题,是现状问题,还是与另一现象的相关问题,是对这一现象的原因分析,还是探究这一现象的发展规律。研究要解决的问题应该直接提出、开门见山,不要让别人去推理、体会。问题的表述要明确、具体,容易理解。

(2)研究的现实意义,即为什么要研究这个问题。这一部分旨在使读者明确研究这一课题的重要性和必要性,在撰写时可用"问题的存在有何影响和会造成何种后果"等加以说明。

(3)研究的概况,即别人对这一问题研究得怎么样。这一部分旨在说明课题所涉及领域的研究情况,以体现本课题的理论价值。研究的概况主要包括:"至今有没有这方面的研究",如果有的话,那么"研究过哪些内容","这些研究"采用了哪些研究方法和手段","获得过哪些结果"。如果已经有人进行过同样的研究并有了较好的研究成果,我们就不需要再进行无谓的简单重复了,只需要将其研究成果拿来运用就可以了。

(4)研究的主要内容。一项课题在开始研究之前,总是需要对其进行分析与解剖。而分解出来的子课题就构成了这一课题的主要研究内容。在调查报告中应该介绍清楚,本课题将主要研究哪些内容。

3.研究方法

介绍"研究方法",目的是让读者了解我们的调查结果和调查结论是用什么方法、经过怎样的步骤获得的,从而使读者可以据此判断调查结果和结论的可信程度和适用范围。若读者需要重复研究,也可"如法炮制"。"研究方法"应体现课题研究过程的科学性、可靠性、合理性和逻辑性。在调查报告中,"研究的方法"一般包括调查的对象、内容、手段、组织、数据处理和研究的步骤等。

(1)调查的对象,即怎样选择调查对象。这一部分需要介绍:①调查对象的总体。应说明正式的调查对象是从怎样的对象范围内进行选择的。②样本的容量。说明从可供选择的范围内选择了多少对象。③抽样方法。说明研究者是怎样从选择范围内选择出实际调查的对象的。调查对象的选择方法关系到调查的结果能够适用怎样的对象范围和反映这一对象范围的可靠程度。

(2)调查的内容。这一部分应该介绍调查项目的框架结构,题目的类别、评定和合并方法。对本调查研究起主要作用的调查内容可以在此做扼要说明。调查内容的清晰表述不仅有利于其他研究者对此调查做重复研究,而且从中也可以看出研究者的研究思路与科学的研究精神。

(3)调查的手段。调查的手段一般有观察、访问座谈、问卷、测试、收集现成材料等。这一部分需要介绍在本调查中我们是用什么手段从调查对象那里调查规定的内容的,以及运用每种调查手段的具体步骤。

(4)调查的组织。有的调查需要的调查对象数量比较大,必须对调查对象进行组织,才能保证调查的质量。有的调查由于工作量较大,需要非研究人员的参与,于是还需要对调查者进行培训,对于如何培训调查者以及如何组织调查者进行调查,都需要在此说明清楚。

(5)调查资料的处理。原始资料不能直接看出研究结果,因此必须对调查所获的原始资料进行处理。这一部分需要说明三点:①资料的处理是采用定性分析,还是定量分析。②若是定量分析,要说明是描述性统计还是推理性统计,以及统计分析的具体操作过程。③若是定性分析,也要说清定性分析的方法与操作程序。

(6)调查研究的步骤。须说明何时完成调查方案设计,何时开始进行调查,何时进行数据处理,何时完成研究报告等。

4.研究结果

根据课题研究的要求对调查所获得的原始数据进行统计处理后,即可获得调查结果。调查的结果一般用统计表和统计图来表示,并辅以文字说明。这一部分在具体处理时应根据调查内容的不同部分,分别对研究结果加以说明。

5.分析与讨论

这一部分的写作主要包括以下五个方面:

(1)结论,根据研究目的,对研究要解决的问题做出结论式的回答。结论是对研究结果的加工提炼,要用准确、简要的语言加以表述。研究的结论要科学、客观,是直接从研究的结果推导出来的。

（2）解释，对研究结果和结论进行原因分析或从理论上给予说明。将本研究所得的结果与已有的相关研究结果进行比较、分析，以发现自己的研究结果中有价值的成分或值得进一步研究的问题。

（3）建议，根据研究结果和得出的结论对实践工作提出建议。建议应该从调查结果出发，应该是有依据的，切实可行的。

（4）存在的问题。在对研究全过程进行回顾的基础上，提出研究设计上和实际研究过程中存在的不足。研究设计和研究过程中存在不足是正常的、自然的。介绍清楚研究中存在的问题比避而不谈要好得多，这既是对读者负责的表现，也是对科学研究负责的表现。

（5）新的研究课题。根据研究的过程和研究的结果，提出还需进一步研究的问题。一开始提出的研究课题，经过制订计划、实施研究、总结整理只是获得了对问题的阶段性认识；这时需要研究者在已有研究的基础上提出新的课题，再一次制订计划、实施研究、总结整理，以更深入地认识和解决问题；此阶段结束之后，又可以再次基于以前的研究提出新的问题。如此螺旋式地上升，对事物的认识逐步深入，这样才可能取得重大性的、突破性的研究成果。

6.附录

（1）文献资料。调查报告须对具体的引文注明出处及列出在开展调查过程中或在撰写调查报告时所参考的重要文献。

（2）问卷与评分标准。在"研究方法"部分，由于篇幅所限，不可能将调查用的全部题目一一列出。有时对每一题目的评定和对同类题目进行合并的办法也不能具体加以说明。为了让读者了解具体情况，可以用附录的形式在研究报告的正文后面加以表述。这不仅可以使正文内容集中，而且为读者提供了可供分析的原始资料，使其能够分析鉴定搜集材料的方法是否科学，材料是否可靠，并供其他研究人员参考。附录的内容要防止杂乱和过于简单。

(二)撰写调查报告的注意事项

在撰写调查报告时，特别要注意以下三个方面。

1.内容要实事求是

调查报告是以揭示教育现象的本质以及发展规律为主要目的而撰写的研究报告。因此，调查报告在内容上必须坚持实事求是。这主要体现在以下两个方面：第一，调查报告中的一切结论均来自客观实际，均以具体的数据资料为依据。调查之前所设计的理论模型或研究假设，都应毫无例外地接受调查资料的检验。凡是与事实不符的观点，都应该坚决舍弃；凡是暂时还拿不准的，都应如实写明，或者注明需要继续讨论。对于调查中出现的不同现象，应该由此及彼、由表及里地进行分析，以透过现象看本质，得出合理的结论。第二，调查报告所用的数据要准确无误。因为调查分析大都是基于调查数据展开的，通过对调查数据的统计分析,得出调查结果和调查结论。如果搜集的数据都不准确,那后期的数据分析就没有任何意义,所得到的研究结果、结论也就毫无价值。

2.论证要严谨有力

严谨有力的逻辑论证是一篇好的调查报告的重要特征。在调查报告中怎样使自己的论点有力地得到论证,这是应关注的核心问题。调查报告要充分地展示调查的结果,就必须精心提炼所要表达的观点;对提出问题的背景分析、分析问题的材料依据、解决问题的方法步骤要环环相扣,结构严谨,合乎逻辑。这样才能充分地显示出有理有据的逻辑力量。

3.语言要准确简练

调查报告在语言上的要求是准确、简练。"准确"是指报告所用的数字、事实或语句正确无误;评价问题要把握好分寸,用词肯定,不能似是而非,模棱两可。"简练"是指用简明的语言概括所调查的事件,不作过多的描述;对观点的阐释,不作烦琐的论证;所引用例子要有典型性、代表性和有针对性,应紧扣主题,避免重叠、啰嗦;所发的议论要长话短说、简明扼要、恰到好处,切忌空泛。

案例

数学新课标实验教材在西南地区的适应性调查研究

朱德全,宋乃庆

(西南师范大学,重庆 北碚)

【摘 要】针对西南地区的实际,着重调查研究 4 种数学新课标实验教材在西南地区的适应性情况。调查的目的与内容主要涉及新教材与新课标的一致性、新教材知识系统组织的合理性、新教材实验的效益性以及新教材实验的条件性等问题。有效地开展新课标教材的实验,需做好以下几方面工作:构建新教材师资培训"分级分类分块"的立体网络化系统模式;构建高师院校高年级实习学生和城市中小学优秀教师支教的"血液循环式"支持系统;构建新教材教学中教材、生活、问题、教学、经验、认知、实践七要素的"六化"模式;增添有关西部情节的素材。

【关键词】数学新课标 ;实验教材 ;西南地区 ;适应性 ;调查研究

一 调查目的和内容

西南地区是一个经济欠发达、教育发展极不平衡的相对滞后的区域。在国家新一轮基础教育课程改革与实验的推行过程中,尤其是新课标实验教材在西南地区国家级与省级实验区(县)开展实验的进程中,这里的实验学校能否跟上全国课程改革的步伐,能否适应这一根本性变革,以及他们怎样看待这一全新的改革与实验,这是人们极为关心的问题。为此,我们组织力量深入西南地区部分实验学校进行了数学新课标实验教材的适应性调查研究和个案访谈,旨在诊断西南地区在国家基础教育课程改革尤其是新教材实验过程中所存在的现实问题,以便进一步完善这一重大的课程改革实验,使之能在西南地区更好地开展和推广。调查目的和内容主要包括以下 4 个方面:

1)新教材与新课标的一致性。新教材在新课程理念、目标要求、内容体例与内容要求等方面是否符合新课改精神。

2)新教材知识系统组织的合理性。新教材知识系统组织是否具有合理性与均衡性,是否符合数学自身的逻辑体系,是否符合学生的认知发展规律。

3)新教材实验的效益性。新教材实验能否达成新课标所提出的"知识与技能""数学思考"等目标,能否调动学生学习的积极性,能否有利于素质教育的有效实施。

4)新教材实验的条件性。西南地区的学校(尤其是贫困地区农村学校)的办学条件(包括硬件和软件两个方面)能否适应新教材的教学基本要求。

二 调查过程和方法

1 技术路线

通过问卷调查并对调查内容进行结果整理;搜集具有代表性的教师教学档案材料,以此修补调查结果并进行问题诊断;通过个案访谈对调查结果进行专题举证;鉴于调查结果、教学档案材料的诊断以及个案专题举证进行具体问题的列举;对所列举的具体问题再进行个案访谈矫正,以求现实问题的有效归结;对问题有效归结并进行专家咨询,以求"处方"和改进实验。

2 调查方法

1)对象:调查对象涉及西南地区部分国家级与省级实验区(县)城市学校和农村学校数学教师 1000 余人;调查教材种类有:北师大版、人教社版、江苏版、西南师大版数学新课标实验教材;访谈对象主要涉及骨干教师和少数实验学校学生共计 50 余人。

2)材料:自编《新课标实验教材的诊断性调查问卷》以及《新课标实验教材专题访谈提纲》。这些材料经专家多次审定和矫正后定稿。

3)方法:调查方法主要采用五级量表问卷调查法、个案专题访谈举证法、教师教学档案诊断法、专家讨论咨询法等。

三 调查结果与问题归结

1 新教材与新课标的一致性

(1)问卷调查结果

新教材与新课标的一致性调查结果列于表 1:

表1 新教材与新课标的一致性

项目		项目数	平均分	评价等级
理念	城市	3	4.28	A
	农村	3	4.35	A
目标	城市	3	3.90	B
	农村	3	3.83	B
内容	城市	4	3.59	B
	农村	4	2.87	C
合计		10	3.95	B

由表1可知,无论是城市学校教师还是农村学校教师,都认同新教材与新课标在新课程理念上的一致性。另外,城市学校教师在新课程目标要求、内容安排与要求上较为认同其一致性,而农村学校教师虽然也较为认同目标要求上的一致性,但在对内容安排和要求上的一致性的认同方面却显得较为模糊。

(2)调查结论与问题归结

1)新教材能体现新课标的基本精神,但在贴近学生生活实际的素材选取上,相对农村学生而言还有待于改进。

2)新教材中所选用的素材比较生动,但素材选用较单一,缺乏西部情节,针对性较差。相对而言,西南师大版教材略显特色,但在这方面也还存在不足。

(3)典型访谈举证

1)重庆市江津区李市镇一位老师说:"新教材形象直观,确实好看,但是像大象、老虎这些动物,城市学生可以去动物园看,而农村学生一点儿感觉都没有,倒不如用猪、牛、羊。"

2)重庆市北碚区西南师大实验小学一位数学老师说:"数学新教材内容生动,选用素材也能体现其趣味性,但是,针对西部地区的实际情况而言,还缺乏西部资源利用的特点。相比较而言,西南师大版在这方面略显好一些。"

2 新教材知识系统组织的合理性

(1)问卷调查结果

新教材知识系统组织的合理性调查结果见表2:

表2 新教材知识系统组织的合理性

项目		项目数	平均分	评价等级
体例的合理性	城市	4	3.88	B
	农村	4	3.94	B
难度的适宜性	城市	3	3.01	B
	农村	3	2.90	C
教学内容的可操作性	城市	2	3.18	B
	农村	2	3.18	B
相关学科的协调性	城市	2	2.63	C
	农村	2	2.75	C
合计		11	3.30	B

由表 2 可知,无论是城市学校教师还是农村学校教师,都比较认同新教材体例的合理性和教学内容的可操作性。城市学校教师较为认同教材难度的适宜性,但农村学校教师对教材难度适宜性的认同显得很模糊;城市学校教师与农村学校教师对相关学科的协调性的认同也都显得较模糊。

(1)调查结论与问题归结

1)新教材体例编排较为合理,但因各学段的知识体系条块相近,易出现教学的重复交叉现象,特别是数学的实践活动部分,教师操作起来有一定难度。

2)城市学校教师素质明显高于农村学校教师。新教材相对城市学校教师而言难度较为适宜,而农村学校教师就感到新教材内容偏难,教学有一定难度。这当然也与城乡学生素质差异有关。这充分说明,我们有必要加大对农村学校教师的培训力度。

3)新教材各学科的同步协调性不够理想,学科之间缺乏互助性。为使新教材之间同步协调,教学资源互用,应注重各学科教材之间的整体建设,为学科知识的有效整合提供前提性保证。

(1)典型访谈举证

1)重庆市北碚区水土小学一位老师说:"新教材有的开放题有一定难度,很费脑筋,教师思考起来都很吃力;而且新教材有些内容是新增的,对某些教师而言还需要自学和研究。因此,教师不充电就不行了。"

2)贵阳市第一小学一位老师说:"新教材有些实践活动内容很有价值,不过范围太广,开展有一定困难,有时教师只得蒙混过关。"

3)重庆市北碚区澄江小学一位老师说:"新教材各学段知识构架条块相同,教学过程中容易使教学内容出现重复交叉现象,同一条块知识内容之间的关系很不好处理。"

3 新教材实验的效益性

(1)问卷调查结果

新教材实验的效益性调查结果见表 3:

表3 新教材实验的效益性

项目			项目数	平均分	评价等级
教师的应		城市	4	4.01	A
		农村	4	3.80	B
学生反应	学习方式	城市	2	3.94	B
		农村	2	2.97	B
	学习态度	城市	2	3.74	B
		农村	2	3.56	B
	学习效果	城市	4	4.02	A
		农村	4	3.87	B
家长反应		城市	1	3.60	B
		农村	1	3.79	B
合计			13	3.87	B

由表3可知,新教材实验的效益无论从教师和学生的反应,还是从家长的反应,都充分说明社会是比较认同的。尤其是城市学校的教师和城市学校的学生都特别认同该实验所产生的教学效果和学习效果。

(2)调查结论与问题归结

1)新教材对教师教学富有挑战性,致使教师备课时间和个别辅导时间有所增加,如果教师教学投入不足,仍是唱老调,教学效果未必会提高。因此,新教材在一定程度上会增加教师的教学负担,但相应却减轻了学生的学习负担。这充分说明,新教材实验有利于素质教育的实施。

2)在新教材实验过程中,学生与教师之间的主动交流增多了,教学互动意识也增强了,但由于课堂中教师过分注重教学互动而淡化了教学主题,使得学生对知识的系统掌握产生一些障碍。这样,传统教学过程中的"有序而不活"的教学现象极易被"活而无序"的教学现象所取代。

3)学生的问题意识得以强化,其提出问题、分析问题和解决问题的能力明显提高,尤其是实际动手能力显著增强,在"知识与技能""数学思考"等目标方面的实验效果都较为明显。需要指出的是,有的教师在实验过程中过分注重教学形式的变化,搞花架子,致使教学形式五花八门、多种多样,从而走向一种新的形式化教学趋向。因此,在新教材实验过程中,教师一定要淡化"教学形式",注重"教学实质"。在教学的每一环节都要尽力去发现"不懂的学生"和"学生的不懂"。

(3)典型访谈举证

1)贵州省贵阳实验小学一位老师说:"使用新教材后,教师备课时间几乎增加了一倍,使用新教材的教学负担明显增大了,不过,这倒减轻了学生的学习负担,也值得。"

2)重庆市江津区小学一位老师颇有感触地说:"学生对使用新教材的反应非常积极,学习的自觉性和主动性明显增强,课堂气氛非常活跃,这对教师的课堂教学组织来说具有较大的挑战性。"

3)重庆市北碚区太平寨小学一位老师说:"现在学生的思路打开了,问题也多了;有些学生提的问题,老师一时都无法回答,这对老师的培训学习也提出了更高的要求。"

4)重庆市九龙坡白市驿小学一位成绩好的学生说:"我只想老师在课堂上发现我的不懂,只想老师能让我在课堂上说出我自己的不懂。"

4 新教材实验的条件性

(1)问卷调查结果

在所调查的对象中,有51%的教师认为新教材实验的组织机构建设很不完善,有25%的教师认为组织机构建设很一般;72%的城市教师和88%的农村教师都认为新教材实验的主要难点在于缺乏课程资源;92%的农村教师认为学校教学设施、教学设备等物质条件不能满足新教材实验的需要;85%的教师认为新教材实验的最大障碍是师资培训跟不上。在所调查的对象中,有95%的教师认为考试与评价制度改革是新教材实验的最重要的保障机制。

(2)调查结论与问题归结

1)不少地方新教材实验的组织机构建设不完善,缺乏新教材实验的监控与管理机制。

2)农村学校条件较差,新教材实验有一定困难。在不少的农村学校,教师在新教材实验过程中存在着走过场、追求表面形式的现象。

3)农村教育经费短缺,培训经费紧张,目前培训途径又混杂,缺乏系统性,存在着重复培训的现象。在教师心目中,新课程师资培训缺乏信度。

4)沿用旧的考试评价制度与实施新的课程教材教法之间存在着必然的矛盾关系。这一矛盾关系一直困扰着新教材实验的顺利开展。

(3)典型访谈举证

1)重庆市江津区长沙镇小学一位老师说:"领导仍以考试分数评价教师,新教材的实验只是教师、学生、家长、教材编者4方面有热情,领导始终盯的是考试分数,致使在不少地方的新课程改革中形式的东西多于实质的东西。"

2)重庆市江津区小学一位实验老师说:"现在学生想动手、想活动,可在很多时候却没有让他们动手、活动的内容和条件;新教材的实验需要实物展示或是制作幻灯片来展示,效果会好些,但多数农村学校连幻灯机、视频展示仪都没有,因而操作起来非常困难。"

3)重庆市万州区实验小学一位老师说:"现在新课程师资培训途径较多,但培训内容存在着重复交叉现象,而农村培训经费又紧张,进而造成师资培训缺乏效度,也缺乏信度,大多数实验教师存在着培训积极性高与培训收获偏低的情况。"

四 思考与建议

新教材实验所产生的社会效益是比较明显的,它使教师的教学与学生的学习之间产生了"互动式双发展"效应,即通过新课程改革,教师得到了"实验参与式"培训与专业性发展,学生得到了学习能力和学业成绩的不断提升,充分体现了素质教育的基本要求。毋庸讳言,在新教材的实验过程中,也还存在着诸多现实问题。有鉴于此,为使新教材实验得以改进和顺利进行,我们有必要做好以下几个方面工作:

1.构建新教材师资培训"分级分类分块"的立体网络化系统模式

在培训主体上,应实行分级管理并分级培训,建立国家一级、省市二级、县区三级的师资培训模式;在培训客体上,应实行"分科分层分期"的逐类逐次培训模式;在培训内容上,应实行系统分块,建立与基础教育新课程体系相对应的师资培训新课程体系;在培训体制上,国家应明确培训实体,统筹安排和管理,使其职责分明。

2.降低教学坡度,使之适应西南贫困地区农村小学教育的实际情况和现行条件

新教材要贴近大众化生活,尽可能增大教材内容的弹性与可选择性,使新教材内容尽量体现其大众化与平等化趋向;应降低教学坡度,使之适应西南贫困地区农村小学教育的实际情况和现行条件。

3.构建高师院校高年级实习学生和城市中小学优秀教师支教的"血液循环式"支持系统

高等师范院校部分系科可改革教学实习制度,将实习期限延长为1年,每年都选派优秀实习学生到贫困地区农村进行教育实践锻炼,这还可以起到支教的作用,以此确保对贫困地区农村师资力量的循环供给;同时,城市或发达地区每年可选派优秀教师对口支援贫困地区的中小学,以缓解贫困地区农村新教材实验中师资紧缺的问题,并带动贫困地区农村基础教育新教材实验的顺利开展。

4.构建新教材教学中教材、生活、问题、教学、经验、认知、实践七要素的"六化"模式

在新课程教学中,教师对新教材的操作方式表现为:教材内容生活化、生活内容问题化、问题内容教学化、教学内容经验化、经验内容认知化、认知内容实践化。这"六化",实际上反映了新课程教学系统"教学逻辑""学习逻辑""知识逻辑""认知逻辑"的有效整合关系。

5.增添有关西部情节的素材

新教材既要符合新课标的要求,又要凸显西部地区少数民族的特色,因而,充分挖掘西部地区丰富而现实的课程资源尤为重要。只有这样,才能适应西部地区少数民族教育发展的现实需要。